你可以獨立，但不孤立。

如何在疏離的時代下建立真實的情感連結與社群支援

400 FRIENDS AND NO ONE TO CALL

Breaking Through Isolation and Building Community

VAL WALKER

芙爾・沃克——著

嚴麗娟——譯

各界讚譽

☆不可思議的一本書！一點也不裝腔作勢，收錄了真實生活的故事和有用的祕訣，告訴讀者如何解決人類全體面對的孤立問題。芙爾・沃克拿捏得當，並未偏向臨床理論或令人煩膩的安慰。她敘述自己和朋友的故事，提供有用的意見。我向每個人推薦這本書！

——哈佛醫學院精神病學系副教授 Jacqueline Olds

☆本書認真處理了當前一個嚴重的人際問題，文筆真誠、富同情心與智慧。我們很高興能有芙爾・沃克分享知識與指引，幫助大家克服社會孤立。

——麻省總醫院醫師 Annie Brewster

☆或許現在這個年代，孤單與孤立的體驗幾乎每個人都有。芙爾・沃克在本書中彙整了各種不同的聲音，教我們如何走出孤立，建立能支持我們、協助我們找到方向的社群。她清晰、善解又溫柔的語調帶領讀者抵抗孤立我們的力量，給我們必要的工具，尋得新的歸屬感。

——The Suffering the Silence Community, Inc. 總裁兼共同創辦人 Allie Cashel

☆人類是高度社會化的動物，需要彼此療癒、安撫和連結。在這本極爲重要的書裡，芙爾・沃克提供豐富的資料，供我們檢視眞實世界，而如果我們不抵抗這個世界築起的孤立之牆，可能會害了自己。芙爾・沃克指引我們如何脫離孤立的痛苦，提供絕佳的觀點，教我們建立人際連結，在需要愛與療癒時能夠得到支持。在充滿挑戰的人生旅途中，人人都應該一讀。

——里奇蒙大學心理學教授 Scott T. Allison

☆在對抗癮症帶來的恥辱和孤立時，我會運用社群的力量。所有人是一個整體，一起受傷，也必須一起療癒。本書告訴我們應該怎麼做。

——演員兼作家 Paul E. Kandarian

☆芙爾・沃克寫了一本很重要的書，主題是這個時代的矛盾：我們好像有很多朋友，碰到困難時卻求助無門。這個矛盾有嚴肅的倫理及社會意涵。大家都需要觀點及實用的建議。如果你關心這個問題，一定要讀這本書。

——Global Denmark 執行長及創辦人 Claus Jarlov

目錄

400 Friends and no one to call

這本書是為了孤單脆弱的人們所寫的。
為被孤立的人發聲，從而我也學會了為自己發聲，
這麼做需要懷抱最大的善意與耐心，
以及與自己的孤單和恐懼為友。

前言

曾經，我熱愛獨來獨往

寫一本教人如何走出孤立的書，卻在開場時歌頌孤獨的好處，似乎有點奇怪。在執筆寫作本書的很久以前，我隱居緬因州一處附近有藍鷺保護區的海邊，過著安靜的生活。

二〇〇〇年，我離了婚，由於醫生口中的「卵巢早衰」而沒有生育，滿懷悲傷地帶著愛貓搬到緬因州，讓一切從頭來過。跟著別人的聲音走了四十年，我亟欲找到自己「內在的聲音」，也渴望遠離人群。我對暢銷書《與狼同奔的女人》（*Women Who Run with the Wolves*）著了迷，沒錯，我也要到荒野療癒，修復靈魂。

過去四十年來我總是在取悅別人跟假裝外向，我那內向且極度善感的本質完全被遮掩了，以至於我再也無法辨別自己的想法。回到一九六〇年代的維吉尼亞州，不管怎麼樣，像我這樣的壁花女孩即使看起來非常笨拙，也要表現得熱情洋溢、殷勤體貼。雖然我不夠從容優雅，但是我富有同情心、善良且充滿理想，也吸引了不少失落的靈魂，懇求我相信他們的「潛能」，甚至把我拉進地獄，要我拯救他們。一再遭到欺騙與背叛，我覺得自己實在很悲慘，便在一九八〇年代找上了治療師，可惜的是，他們對自戀型人格或社會病態者的施虐手段所知有限。他們告訴我，我必須堅定自信、劃清界線、學會拒絕別人，才能保護自己。但我的界線一再被踐踏，搞得我精疲力竭，怪罪自己缺乏魄力，認定我就是個軟弱的人，在家庭和職場上都無法對抗霸凌。

一九九〇年代，我進了研究所，學習當個諮商師，直到那時候我才了解到虐待、霸凌和暴力的循環模式。我知道一個人必須有社群的支持，才有辦法對抗傷害和霸凌；不論你多麼堅強、多有自信，單靠自身的努力眞的做不到。

我跟幾個人絕交，有些地方也絕足不去，但即便學了諮商，我依然把失敗的原因怪到自己頭上。我不想再和別人靠得太近，我想要切得乾乾淨淨的。是時候退出親密關係，過著出世的生活（但求不要變得陰陽怪氣），找一個純淨美麗的地方，只需要大自然跟愛貓陪在身旁。

搬到緬因州的頭四年，在極其愉快的孤單中，我愈活愈開心，基本上跟住在修道院裡沒有兩樣。日出時，坐在溫暖的青苔上，旁邊是迎著風的岩灣，附近有藍鷺徘徊，我以無比虔敬的心情看著牠們的一舉一動。我光著腳，走在沙岸上，藍鷺也趁著退潮涉水而過，我處在牠們私密的水域裡，沐浴在歸屬感帶來的靜謐中。藍鷺優雅地指引我享受全心活在當下的喜悅，擺脫過去混亂不安的恐懼、令人煩膩的思維。藍鷺總是能抓準最好的時機捕捉獵物，這種謀定而後動的本領教我培養出耐心。在牠們的陪伴下，我覺得自己變得柔軟，學會相信自己的本能，找到自己的依歸。牠們讓我知道如何重拾內心真實的美好感受。獨自在野外與藍鷺、白鷺、魚鷹、野鵝、野鴨和其他水鳥平靜相處了這麼久以後，最終我領悟到正念的技巧。

寧靜的生活過得平衡有序。我在一個心理健康機構擔任個案管理師，每個星期上班四天，週休三日，享受與藍鷺一起沉思的生活。我發現我可以把從觀察藍鷺中學到的正念技巧，運用至諮商工作時傾聽別人講話。我可以安住當下，享受諦聽，面對案主時也更有耐性、更沉穩、更能同理對方。

我的貓咪叫伊凡，我們住的套房位於一名老船長的房子裡，旁邊有座蘋果園。我們共享平靜的時光，日常生活的點滴都能帶來小確幸——我一邊煮海鮮義大利麵，一邊給牠一點蝦肉吃；牠會跳上我的辦公桌，跟我一起聞聞咖啡的味道；如果牠表現良好，沒有亂跑亂竄，我也就任由牠到露臺上打量我的盆栽。漫長的冬夜裡，我讓伊凡趴在我腿上，裹著毛毯，閱讀、思考，想像我會寫出什麼樣的書。我在日記上寫滿了從長程散步中悟出的療癒式冥想，後來融入我的第一本書《安慰的藝術》（*The Art of Comforting*），這本書出自我的熱忱，目的是運用同情的話語，保持敞開的心傾聽。在寧靜中度過了十年田園風光，我結交了三個好友，也很喜歡跟他們的家人相處。他們會邀我參與節日的晚宴，我不會覺得自己格格不入。朋友來訪的話，我會在我那張最多只能擠上四個人的桌子上，請他們享用海鮮義大利麵。我很珍惜這種簡單又可以掌控的生活。

二〇〇九年，緬因州碰上經濟衰退，社會服務的工作大受影響，因爲醫療補助經費被大幅削減。除了低薪的兼職工作，我無以爲生，過得愈來愈艱難，也愈來愈絕望。陪伴我十七年的伊凡，因爲腎衰竭而離世。二〇一二年，我最要好的朋友貝琪一句話也沒留下，就從我的生命中消失。接著，手術之後，我的慢性結腸炎跟關節炎日漸惡化，十一年的老車也拋錨了，我甚至付不起房租。我心想，是時候離開緬因州，前往下一站，波士頓。

如果經濟無虞，健康狀況良好，緬因州是我的避風港。相較於人類，我更能信任動物、鷺鷥和荒野。然而，過了十四年如隱士般的生活，即將邁入六十歲的我卻不得不承認：我的生命裡需要有人相伴。

寫一本我找不到的書

二〇一二年，我發現自己處於孤立無援的狀態，沒有人可以打電話求救，那時候我眞希望手邊能有一本像我現在寫的這本書。驚訝和灰心之餘，我明白自己必須重建支持網路，基本上就是從頭開始，結交新的朋友，找新的同事，全面檢視我的社會安全網。面對這項艱鉅且嚇人的任務，我試著搜尋可以做爲指引的書籍，除了提供安慰，也能給我實用的建議。讓我意外和沮喪的是，除了一些論及約會和尋找伴侶的作品，很少有內容談到如何走出孤立、建立社會支援。顯然有許多和我身陷同樣處境的人都需要別人拉一把，找到新的友誼、支持團體和社群。生病、搬遷、喪親或失去工作都可能會讓人變得孤立無援，肯定需要能安撫人心的實用指引幫助他們走出來。

面對這樣的遭遇卻又找不到可供參考的指引，讓我覺得更加孤立。天啊！我心想，**難道我們就只能靠自己度過這段漫長而寂寞的旅程嗎？還是這個社會就假設，我們身邊隨時都有願意支持我們的朋友和家人呢？**我拖著沉重的步伐，參加聚會、社交聯誼和支持團體，甚至打過熱線電話，想要找到「支持我的人」，結果卻只是更加氣餒，差點就要放棄了。不過我把這些過程都寫進了日記，也開始閱讀有關社會孤立的研究，那些資料令人擔憂卻也有趣。在那段孤獨的時光裡，即便社會科學的研究報告並非我想要的那種溫暖人心的閱讀，它們卻能證實我的體驗，讓我明白我的孤立並非我一個人的錯。透過研究，我看到整體的社會經濟和文化的力量如何造成個人的孤立，例如社會汙名化、財務困境或生病。

我還是繼續尋找有關建立或重建個人社交生活的自我成長書籍。大多數這類作品會把責任放在個人身上：把自己「變好」，才能吸引朋友跟伴侶，提升個人的魅力和吸引力。就自我成長這塊產業領域來說，治療孤立的方法就是自我提升，讓自己值得被愛、變得更成功，或更令人嚮往，如此一來你就再也不會被丟下、被拋棄、被遺忘。

事實上，把重點放在自我提升上，只是讓我感到更孤單、更羞恥：我孤立又孤單，是因爲我不夠討人喜歡？但是，等一下。很多人陷入孤立的原因跟討不討人喜歡沒有關係吧？若是因爲突然發生不幸的意外，例如一場重病、失去家園或伴侶離世呢？要是每個人都只顧著自我提升，卻沒有看見眞正造成他們孤立的實際障礙，這樣對嗎？

根據研究顯示（這些是自我成長的書裡沒有提到的），每個人都有可能被孤立，突如其來，沒有任何預兆，也不是因爲自己犯下的錯誤。要對抗那令人害怕的陰暗，像我這樣孤立的人不需要自我成長，而是自我**接納**！

擔任個案管理師的十年間，我服務過很多親切善良的人，他們因爲汙名化或社會地位低落而遭到孤立。我接觸過的許多個案都是因爲發展障礙、腦部損傷、腦性麻痺或精神疾病等問題而成爲別人避之唯恐不及的對象，就連家人也不肯接納他們。有些人的孤立則是因爲喪親之痛，因爲配偶、父母、兄弟姊妹或曾看顧過他們的親人過世了。**多數個案**則是因爲貧窮、生病、年老或無家可歸而變得孤立無援。還有很多個案的家屬因爲不得不擔起全職照顧的角色而陷入孤立。

我恍然大悟：我有第一手的經驗，不論專業或個人，而且爲了向那些我認識的孤單的人們致意，何不就由我來寫這本書。本書原文書名 *400 Friends and No One to Call*，是要獻給在社群媒體上看似交遊廣闊、實際上卻感到孤立的人。

當你孤立無援找不到人可以傾訴的時候，這是一本好用、實用且真心誠意的指引。書中有我個人走出孤立的故事：我如何怯生生地踏出第一步，在波士頓建立新的朋友圈，從零開始，沒有人從旁鼓勵。這本書是爲了我那些脆弱的案主們所寫的，使命感推著我向前，引領我突破個人的困境。爲被孤立的人發聲，從而我也學會了爲自己發聲，這麼做需要懷抱最大的善意、耐心和公正客觀。事實上，爲了與新社群爲友，我必須先接受自己，與自己的孤單和恐懼爲友。經過六年的時間，我慢慢結交了新的朋友，我愈來愈有自信，我可以告訴別人怎麼融入社群、建立社會安全網，以及培養歸屬感。

爲了從更全面的觀點了解孤立對我們每個人的影響，本書納入深具啓發性的社會科學研究。雪莉・特克（Sherry Turkle）是麻省理工學院的社會科學教授，著有《在一起孤獨》（*Alone Together*, 2012）及《重新與人對話》（*Reclaiming Conversation*, 2016），對於數位時代裡的眞實對話愈來愈少的問題，她的作品尤其讓我振奮。Y世代和Z世代的成年人如何處理（和逃避）一般對話以及網路之外的社交活動也令我感興趣。珍・特溫格（Jean Twenge）博士是聖地牙哥州立大學的社會心理學教授，她感嘆現在的年輕人都是「超連結」（super-connected），以至於自我意識過強、過度焦慮、非常害怕被評斷。由此也不難理解爲什麼被診斷爲社交焦慮的年輕人愈來愈多，他們退縮不前、孤立，而且過度依賴電子裝置和網路。（耐人尋味的是，我觀察到聚會網站 Meetup.com 上有愈來愈多社交焦慮的群組，全球共計一千零六十二個群組，這或許是一件值得開心的事，表示害羞的人鼓起了勇氣參加群組，與人交談與建立連結。）

爲了得到更多啓發，我訪問了提供健康照護的人士和臨床醫師，還有幾位雖然長期處於孤立，最終再度建立起完整的支持體系的當事人。他們要克服的問題可能是喪親之痛、藥物成癮、創傷後壓力症候群或癌症，但他們都帶來了振奮人心的好消息：一定能夠找到社會支持。對抗孤立的社會介入愈來愈多；我們更容易找到互相支持的人；同樣處境的人也愈來愈多。我們與朋友、同事、支持團體、倡議團體、群組成員和全新的社群共同交織出結實的安全網。我所描繪的這些個案，加以我自己突破孤立和尋求支持的故事，希望能夠給孤立的你提供安慰人心的指引。

了解困住我們、讓我們感到害怕和覺得羞恥的情境與壓力，我們就可以伸出手，走向更寬廣的世界，即便我們內心依舊感到惶惶不安。

但千萬不要退縮。

第一部

在孤立的日子裡

與孤單為友，也要與人為友。

400 Friends and no one to call

第一章

四百個朋友，卻沒有一個可以依靠

數位時代的孤立

我們看似交遊廣闊，臉書上有四百個朋友，卻找不到眞正可以依靠的人。諷刺的是，即使社群媒體發達，社會孤立（social isolation）卻是不斷蔓延的流行病。不論幾歲的人都有可能被影響，好比在IG上沒人搭理的青少年、約會網站上乏人問津的Y世代、鴉片類藥物成癮的家人，或無人關心的獨居老人。二〇一四年，美國國家科學基金會的報告指出，自一九八五年以來，缺乏親近朋友的人數已經增加了兩倍。每四名美國人當中，就有一個找不到人可以傾訴自己的感受。

如果家人朋友都離得太遠、沒有空連繫，或者遭遇困境連自身都難保時，我們可能就會覺得自己孤立無援，儘管這不是誰的錯。當你生了病、丟了工作、失去所愛，甚至只是想要找人談談心時，你會向誰求救？交心深談似乎太麻煩又不方便，電話問候感覺是一種打擾，所以我們卻步不前，更不用說開口找人幫忙。

多數人都活在生存模式下，汲汲營營賺錢，搞得慢性病纏身，挫折壓力不斷，根本沒有時間好好說話。我們不斷檢查手機訊息，希望別人都能立即回覆。網路的便利性讓我們上了癮——斷了網路，就斷了連結。別人不給「讚」或沒有善意回覆時，我們就覺得被排除在外。更糟糕的是，我們會互相比較，覺得別人似乎都過得更好。我們一心想跟上每個人的動態，即使朋友就坐在身邊想要聊些有意義的話題，我們還是抓著手機。心不在焉又經常被打斷的對話，一點一滴累積成孤單的體驗，讓我們感到更加孤立。

社會孤立會打擊我們的信心。孤立不只讓人覺得孤單，也會讓人引以爲恥，因爲我們的社會給孤立無援的人貼上汙名的標籤。我們不希望別人知道我們實際上有多孤單，所以我們會刻意表現出快樂、受歡迎的模樣，特別是在社群媒體上。當我們感到脆弱時，結交新朋友更不是一件容易的事。跟別人就是聊不起來，何必費心呢？如果說獨自參加聚會、上烹飪課或加入團體活動你都還做不到的話，那就更別說在遇到困難時找人幫忙。倒不如就舒舒服服待在家裡，抱著心愛的貓咪、追著劇，再倒一杯夏多內白酒？

除了害怕被孤立，可悲的是，我們還會把陷入孤立的種種原因都怪罪到自己頭上。而這樣的自責只會讓我們更加孤立。我們思索著爲什麼情況會變成這樣，然後不斷挑自己的毛病。我爲什麼交不到更多朋友？我有什麼問題嗎？我討人厭嗎？不知不覺中，信心逐漸消蝕，孤立的牢獄築起。

二〇一二至一三年間，我站在孤立的深淵裡，墮入惡性循環：自責、自我挑剔，然後更加孤立。接下來我想分享我如何獲得重要啓發、打破孤立囚籠的故事。

我在波士頓的故事

我有二十二年擔任復健諮商師和個案管理師的經驗，協助過數百位面對重病、喪慟、失業、癮症、家庭暴力或無家可歸等困境的案主度過孤立的時刻，重新建立起支援體系。對於這些案主，我向來鼓勵他們要相信，「需要一整個村子的力量」才能突破孤立，找到他們需要的救生索。我對於自己的資源和廣大社會網絡感到自豪，從來沒想過我會被孤立。

二〇一二年六月一日，在緬因州的醫院裡，我卻發現自己完全孤立無援。當時我剛動完一場大手術，在醫院醒來時看到朋友傳來的簡訊，說她不能來幫我，我敢說那眞的是人生最孤單的一刻。我虛弱、全身痠痛，又綁著點滴，沒有人可以開車送我回家，更不用說到家以後會有人照顧我。儘管事前原本都安排妥當，做完子宮切除術後請朋友來協助我，但當下我只能靠自己跟我的手機，還有即時線上連線。我連腳步都站不穩，茫然到無法搭計程車回家，可是直到下午三點護士同意我出院前，都沒有人回應我的訊息。我一個人孤零零在醫院大廳坐了一整晚，看著別人的親友急急忙忙搭電梯去探視他們關心的人。我拉下臉到處懇求，終於找到一個朋友的朋友可以載我回家。

手術後我慢慢痊癒，但我的社交信心蕩然無存。我認爲我需要搬到一個更大的城市，比方說波士頓，找份更好的工作，讓自己負擔得起醫療照護，當然也要結交更多朋友。我告訴每個人，我必須「遷往麻州，遠離麻煩」。但是初到波士頓的第一年，我的社交信心面臨考驗，對於建立友誼和社群關係的信念也動搖了。事實上，我覺得別人都無視於我，我就跟在緬因州一樣只有自己一個人，我認爲我一定有什麼問題——社交焦慮症。我運用身爲諮商專家所具備的知識和同情心來調整自己，但我依然害怕我的孤立狀態是焦慮所造成的。

更慘的是，我的新工作是在社會服務機構擔任個案管理師，而我有點適應不良。我的上司露伊是個速度很快、可以一心多用的Y世代，但我已經五十八歲，行事嚴謹小心，沒有辦法同時做好幾件事。露伊有一頭紅髮，目光銳利，快速開完一個又一個會議、匆匆回答我的問題，而且沒有耐心教我製作Excel試算表。我猜她可能有注意力缺失或酒精成癮，要不就是很討厭這份工作。我鼓起勇氣，帶著笑容問她能不能看看我的想法、傳單、信件、預算計畫跟報告，卻得不到她的注意，她不願意花時間多搭理我。

我跟同事佩特在一間又小又擠的辦公室裡共用一張桌子，她也是個案管理師，年紀跟我差不多，在這個單位已經待了十六年。佩特脾氣不好，很在意自己的地盤，命令我把東西放在辦公桌左邊，布告欄也要掛在左邊的牆上。第一天上班時，我很有禮貌地問她能不能把皮包放在檔案櫃的最下層裡，她說：「妳不覺得那很浪費空間。」我再問，她認爲我可以把皮包放在哪裡，她充滿優越感地叫我去問上司，因爲「那不是我能決定的」。

我性格內向又敏感，要在很安靜的地方才能集中注意力，若無法專心，工作也做不好。於是露伊開始發火了，說我太「一板一眼」，其實只要「把事情做完就行了」。我甚至察覺到露伊跟佩特對我帶有嘲諷和被動攻擊的敵意。難道她們本來想找其他人，卻因爲無法掌控的因素只得用我？還是我對她們來說太嚴謹了？

我本來就有慢性結腸炎，因爲工作壓力又復發，晚上常常睡不著。我疲憊無力，腦袋混沌，社交焦慮跟著發作。佩特跟露伊當然看得出我緊張不安，知道我一定是病了。我開始避著她們，擺低姿態，只求能把工作做好，但我還是跟不上。到職四個星期後，我很擔心她們會叫我滾蛋。

然而，二〇一三年四月十五日的下午，一切都停止了。我們收到簡訊，得知波士頓馬拉松的爆炸事件。我們急忙各自回家，待在家裡等封鎖結束，一天到晚守在電視前面看最新消息。

災後最混亂的時刻結束，察爾納耶夫（Tsarnaev）兄弟先後遭到逮捕，一切整頓完畢，波士頓的人們總算能夠恢復正常工作了。那天早上，跟麻州其他幾千名上班族一樣，我手裡拿著咖啡杯，應該算準備好回到辦公桌前了。但是那一整天我都覺得很恐懼，我決定麻痺自己，躲在一間小小的會議室裡，做一些文書工作，還打電話改掉會議時間。我看到佩特從走廊遠處慢慢走來，攪拌著碗裡的即溶麥片。我很想朝她走過去，讓她知道我的存在，但我覺得留在沒有人注意的地方比較安全。

兩個小時緩慢地過去了，我站起來伸伸懶腰。露伊發了簡訊，說她不會進辦公室。天啊，太棒了，我呼了一口氣。奇怪，居然聽不到佩特在辦公室裡的聲音，她平常講電話時都會扯著嗓門。我突然心生好奇，緩步走過去看看她在不在裡面。她在。沒看到我。我停下腳步，在心裡擬草稿，設想要對她說些什麼。起碼我可以問她這段日子過得怎麼樣，順便告訴她我會在會議室裡趕工。

我走進辦公室，看到佩特雙手撐著頭，手肘靠在辦公桌上。她雙手握拳，陷入沉思。我遲疑了，或許我不該打擾她。但是她看起來很焦慮，我覺得就這麼走開不太對。

我出聲：「哈囉，佩特。還好嗎？」

她瞥了我一眼，又低下頭，嘆口氣。「說眞的，糟透了。」

「因爲爆炸案嗎？」我硬著頭皮問下去。

「我今天什麼都沒做。我不應該來上班的。我還是忘不了。我忍不住一直想。」

「眞的很可怕。」我怯生生地回應。

「我一直想到我兒子。他也在現場。他看到他的朋友被波及，那個人差點被炸斷了一條手臂。他看著朋友受苦，覺得很無助。他到現在還是不好過。」

「太可怕了。只是……妳兒子目擊一切眞的很恐怖。聽到這種事，我也覺得很難過。」

「我兒子嚇壞了。他跟我說他要去醫院看朋友，但是他很怕自己什麼都說不出來，或者只能說些傻話。他什麼事都沒辦法做，充滿罪惡感。」

「還好他願意跟妳講，起碼他沒有把這些感覺都藏在心裡。」

「拜託，別跟我說帶他去看心理治療師。我最討厭人家說，你該去看看心理醫師，可是他們卻怕到不敢陪你一起去。妳懂我的意思嗎？」

「不，佩特，我不會叫你們去看心理師。我也同意這麼做實在很差勁。」

「對啊，可是現在我不知道該跟他說什麼。我毫無頭緒，我是他媽媽，卻不知道該說什麼才好。我無法形容這件事對他、他的朋友、他朋友的家人來說，到底有多可怕。我實在無話可說。對了，妳到底在做什麼？」

「妳說他還沒去醫院看他朋友嗎？」

「沒有。我知道這樣不好。他應該現在就去，但他就是不肯出門。」

我們的對話停頓了一分鐘。我想到我一個人躺在緬因州的醫院裡，孤立無援、無處可去、擔心害怕的慘況。沒有什麼比沒人陪伴更糟糕的事了。

「一個人躺在醫院的病床上，沒有人來看你，眞的是全世界最孤單的事。」這句話突然從我嘴裡冒出來，我自己也嚇了一跳。

佩特若有所思。「妳說的對，我有同感。躺在醫院裡，想到朋友們完全不把妳放在心上，一定很難受。」

我沒有把我的事告訴佩特，但她應該懂我想說什麼。「對啊，佩特。我就不拐彎抹角了，妳應該叫妳兒子立刻去醫院。他什麼也不用說，人到就可以了。這樣就夠了。他的朋友會覺得被關心，就算他不知道該說什麼也無所謂。或許，本來就沒什麼好說的。」

佩特緩緩點頭。「我兒子該去探望的。我會把妳說的話告訴他。他應該要知道沒有人探視的感覺有多孤單。我會告訴他，不知道說什麼沒關係，只要人去就好，這才是最重要的。」

「那就好，我想他一定會去的。我們不可以對朋友不聞不問。」

「我可以開車送他去，或者乾脆跟他一起去。這樣他比較不會臨陣脫逃！」佩特露出笑容。

我也笑了。「妳的任務艱難啊，祝妳順利！」

她有點不好意思地輕聲道謝。「謝謝……芙爾，謝謝妳。今天晚上我就跟我兒子聊聊。」

那天佩特跟我都決定不要再拿工作折磨自己。她先我一步離開辦公室。我坐在她的辦公桌前，很訝異兩人之間的僵局就這麼打破了。佩特不再只是壞脾氣且會挖苦我的同事，我也不再只是那個做不好工作的可憐蟲。她很擔心她的兒子，我不能默不吭聲地走開。馬拉松爆炸案的餘波令人難過，卻也以微妙的方法讓我們走出日常的刻板角色。在那個當下，我們就是兩個被這座城市的災難給嚇壞了的中年婦女。而辦公室就像是個避風港，讓我們可以分享內心的脆弱。我想起九一一事件，還有事發後那幾天或幾個星期，人們即使到了工作場所，也不吝展現謙卑、人道和同情。可惜的是，這個避風港只能提供短期的慰藉，很快就會消退了。我猜再過幾週，佩特跟我會慢慢回到緊張對立的狀態，再次築起防禦。但起碼此時此刻，我們以信任拉近了彼此的距離。

一週之後，佩特帶了好消息給我。她兒子終於鼓起勇氣去醫院探望朋友。不只是探望，他朋友還把他介紹給病房裡同樣因爆炸案而受傷的患者。佩特驕傲地說，他跟那些人「建立友誼」，現在他們會一起聚會。他去了醫院，即使不知道該說什麼，卻交到了新朋友。

佩特一臉欣慰。「才過了一個星期，他就好像成熟了五歲。他昨天跟我說了一段很棒的話：『Boston Strong 這個標語不代表你要夠堅強才能站出來。你只要站出來就對了。』」

他說的對。說得太好了。我回想自己的經驗，重點確實不是堅強，而是陪伴。你不需要很堅強才能對別人付出關心。不需要力量、勇氣、智慧或自信。你只要記得被孤立的感覺有多糟糕、多讓人受傷。我們只希望有人來看看我們就好。一個人躺在醫院裡的那天，我學到了這一課，還好這段令人痛苦的體驗讓我能夠幫助佩特、她兒子和他的朋友們。

我們何其幸運，懂得把痛苦轉化爲智慧，再去幫助其他人。即使不夠堅強，即使缺乏自信，只要陪伴就能打破孤立。就算我們需要支持也可以給別人支持。事情會如何發展永遠無法預料。

對我們有害的迷思

與佩特相處的經驗只是我在孤立多年後的少數重要突破之一。每一個讓我得以掙脫孤立牢籠的經驗啓示，底下都有一個必須打破的迷思。這些迷思曾經誤導我，讓我繼續陷於孤立，也呼應我們文化給孤立者貼上的汙名。

不幸的是，面對孤立的處境，我們經常會自責，以社會汙名來評判自己。事實上，當我們最需要向外求援時，我們往往會阻止自己這麼做。孤立背上汙名，對它的迷思和信念打擊著我們的信心，摧毀我們努力建立新連結時所需要的勇氣、希望和資源。

以下提及的迷思主要源於社會汙名，會造成我們陷入孤立處境：

迷思	啟示
我會孤單，是因為我跟別人處不好。	就算是「正常」的一般人也會覺得孤單。
我會孤單，是因為我有問題。	多數陷入孤立處境的人都不是自己造成的。
我會孤單，一定是有原因的。	外在和內在的力量都會造成孤立。
我必須隱藏自己的孤單，才不會讓別人失望。	重要的是，找到可靠的人分享我們的脆弱，需要的話可以撥打求救專線、尋找支持團體、心理治療師或牧師。
不能告訴朋友、家人或任何人我有多孤單。	
孤單會讓人覺得不好意思，很丟臉。	我們可以善待自己，與孤單為友。

為什麼我會變得孤立無援？

迷思	啟示
我會孤立無援都是我的錯。	自責會讓我們更孤立。
我會孤立無援都是我的個性造成的。	別只看自己的缺點，要衡量整體。
如果我好好規畫、做更好的選擇、挑更好的朋友、找到更好的伴侶、存錢、改變行事風格，我就不會這麼孤單了。	有許多難以掌控的原因會造成我們陷入孤立。生存壓力也會造成孤立，像是重病、財務損失、喪親、天災和其他具毀滅性的事件。

我應該要更常走出去，但是……

迷思	啓示
獨自一個人出門探索一點也不好玩。	即使只有一個人，也可以保持好奇心。
獨自一個人出門看起來就像沒人愛。	享受和探索世界。拍照、旅行、書寫、遛狗、觀察人、聞聞花朵的清香。總是會有出乎意料的驚喜。

我應該怎麼找人幫忙（我怎麼敢找人幫忙）？

迷思	啓示
如果找人幫忙，會讓別人覺得我太黏太依賴。	支持自己，也支持別人。
如果找人幫忙，別人就會對我品頭論足和指指點點。	尋求經歷過類似困境的人幫忙。還有諮詢專線或支持團體。就算你是被幫忙的人，你還是握有主控權。提出明確且清楚的需求。
我不應該造成別人的負擔。我可能會把他們給嚇跑了。	切合實際，具體明確。不要對同一個人要求太多。分步驟進行。

要是我不能依靠朋友或家人怎麼辦？

迷思	啟示
遇到問題時，我只能依賴家人和好友。	打造堅實的支持體系，需要社群的力量。
我應該有可以依靠的家人和朋友，不然就是我或他們有問題了。	不論家人或朋友有多可靠（或不可靠），我們都有感到孤立的時候。
只能依靠支持團體的人都是失敗者。	
只能依靠心理治療師的人都是失敗者。	
只有少數人可以成為真正的朋友	走入社群就能找到更多支持，不論同事、鄰居、髮型師、計程車司機、運動同好和貓狗。

我應該站出來，伸出手幫助別人？

迷思	啟示
當我感到不確定、不熟或害怕時，不應該幫助別人，因為我可能會說錯話或做錯事。	大多數人都會感謝他人的關心和關懷的話語。
伸出援手或提供協助，可能會打擾別人。	對別人的關懷和關心可以超越恐懼懷疑。

要避免對那些與自己情況或問題不同的人提供協助，因為我可能會不小心冒犯或傷害他們。	你不需要很堅強或很厲害，才能夠對別人展現關懷。 支持別人，也會得到支持——支持是雙向的。

社群媒體和社會孤立

迷思	啓示
如果我在社群網路上有很多朋友，碰到問題時我總是可以找到人聊聊。	我們可能在臉書上有四百個朋友，卻不知道能打電話給誰。
線上的社群網路代表堅實的支持體系。	儘管社群網路有助於建立關係和交誼，但我們需要面對面的連結與真實的支持。我們需要實際的支持。
臉書上的「讚」愈多，真實世界中就愈受歡迎。沒有「讚」，就沒有人在乎我。	有人愛你，有人支持你，但也會有人不喜歡你。

給五十歲以上者的建議

迷思	啓示
到了這個年紀，應該有很多朋友可以依靠。	很多人可能需要重新建立社會支持，不論六十歲、七十歲或八十歲。
花了五、六十年的時間建立人脈，現在應該能享受美好的關係。	建立關係對任何年紀的人來說都不容易。年紀大了，交朋友沒有變得更簡單。但是我們可能對彼此更有耐心和寬容。
年紀大了就沒有精力和耐性去發展新的關係。	當我們真心想關懷別人時，就會找到連結的方法。愛是一種動力，力道會讓你嚇一跳。

給內向高敏者的建議

迷思	啓示
內向的人比較孤僻，也享受孤立。	內向者需要有深度、有意義的關係。孤立和獨處是兩回事。
我應該避開人群，因為我很內向。	有些團體（聚會）是由內向高敏者、富同理心且具有老靈魂的人所設計。我們需要跟其他人接觸，才能在這個喧囂的世界中生存。

我總是會被誤會，倒不如就不要多說了。	即使不多說話，也有很多其他的溝通方法。此外，大家都喜歡願意聆聽的人。

給單身及無子女者的建議

迷思	啓示
有配偶、伴侶或家庭的人就不會感到孤立或寂寞。	即使處在「幸福婚姻」中，人們有時候還是會覺得孤單。他們需要朋友陪伴度過這些時刻。
多數有伴的人都不願意多了解單身的人。	即使是單身的朋友，也不總是了解彼此。不論單身與否，多數人都願意付出關心。
有小孩的人對沒有小孩的人會有偏見。	很多人願意破除角色迷思，了解每個人的獨特之處。讓他們知道這樣的友誼對你有多重要，保持連繫。

思索這些讓人陷入孤立的迷思時，就可以理解爲什麼人們爲了避免被評斷、看輕或排擠，會不願意踏出腳步，朝別人伸出手。要打破孤立，答案看似簡單明瞭，就是「走出去」，例如去當志工、加入團體運動，或去上上課，但是當這些迷思和

信念打擊我們的社交信心時，要這麼做就不容易。這些根深柢固的思考模式會阻礙我們求助及建立所需的支持，能察覺到這一點，我們對自己跟對別人才會有更多耐心和同情心，也更願意接納。

不幸的是，社群媒體會增強和利用社會汙名，甚至把社會汙名變成一種武器，加深這些迷思對我們的影響。我們每天都會看到惡意的評論，到最後變得麻痺無感，認爲這些汙名化、羞辱和沒有禮貌的言行是數位時代所必然。在我們最脆弱的時候，這種傷害會突然出現。任何人都可能毫無預警地被人從好友名單上刪除或封鎖，沒有解釋，更得不到關心。解除朋友關係的行爲既冷漠又殘酷，當禁不起挫折的青少年、苦苦掙扎的癮君子或寂寞的嬰兒潮世代碰到這種狀況時，往往會認爲是自己的錯，於是變得更封閉，甚至產生自戕的念頭。就算我們不是這麼脆弱，在我們最寂寞、最孤單的時候，得不到一個「讚」、被刪好友，或是在貼文底下看到殘忍的留言，還是會讓人覺得很受傷。

我個人就是最好的證明，經歷一整天忙著安撫生氣和焦慮的家屬的諮商工作，心力交瘁時對社群網路的動態總是特別敏感。上週我下班回到家後，打開臉書，不知道爲什麼，一個我眞的很喜歡也很敬佩的朋友突然刪了我。我立刻陷入自我懷疑，就像十三歲的孩子被同學拒絕一樣。然而，不消幾分鐘，這些陰鬱的感覺消失了，我想到隔天要去一位好友家吃晚餐。我心中充滿喜悅及感激，這段友誼得來不易，我投入了許多愛、努力、耐心和寬恕。謝天謝地！這才是眞實的、美好的連結，而不是網路上虛無縹緲的關係。事實是，社群媒體會讓我們覺得自己永遠都不夠好，但充滿愛的、實際的關係才能帶來眞正的歸屬感。

在走出孤立的漫長旅程中，我得到許多啓示；擔任了二十多年的諮商師，面對嚴重孤立的人，我學到很多也從中獲得許多經驗。我想要分享建立一個更好的支援網路的方式。此刻我們最需要的就是擴大眞實社群的支持，降低網路社群、汙名化、愈來愈少面對面對話溝通所造成的問題。殘酷的世界裡，我們可以溫柔相待。

面對汙名化：自我評估

社會大眾對孤立和孤單的人有不好的刻板印象，從而影響我們如何看待自己面臨的孤立處境。檢視我們的信念會如何受到文化的影響，是一件值得省思的事。以下列出十個問題，供你檢驗自己對於孤立和孤單的眞實感受與偏見。答案沒有對錯——我們的目的是要探究一個在我們文化中鮮少被論及的尷尬主題，以及我們對它的直覺反應。

看看哪一個答案最能反映你當下的直覺反應與想法？

一、你看到一位精心打扮的女士獨自在一間很棒的餐廳裡用餐。

a 我覺得她一個人好可憐。

b 我感到有點不安。我會避開與她的眼神接觸。

c 這樣也不錯，但我希望自己不要落到這步田地。

d 但願我也有勇氣像她這樣一個人出門。

e 寵愛自己，到外面吃頓好的，很棒啊。

二、一個朋友的朋友，人挺和氣的，跟你認識才幾個月，他發信給你說他兩週後要做大腸鏡檢查，想請你開車載他去。他解釋說，他剛搬到這裡，唯一認識的朋友那天要工作沒空。而你那天沒有一定要做的事。

a 不可能。他要也是應該找家人或好友幫忙吧。

b 這是一個警訊，他可能沒有朋友，所以最好不要回覆，把他的郵件刪掉。

c 應該請我們共同的朋友先跟我聯絡，知會我一聲。這麼做感覺有點冒險，還是別去吧。

d 我或許可以幫忙，但會有點尷尬。我會先聯絡也認識他的那位朋友，多問一下這個人的背景後再決定。

e 他的情況很悲慘。檢查後他應該會昏昏沉沉而沒辦法叫車回家。沒問題，我就開車去接他。

三、孤單的人有時候感覺很需要幫忙。我會刻意避免跟他們談話，以免擺脫不了。

a 確實，我會避開他們。他們可能會是「能量吸血鬼」。

b 我心裡覺得不太妥，但我會保持同情心，然後找藉口脫身。

c 我覺得他們很可憐，但我只會跟他們聊兩句，免得失禮。

d 我知道孤單的感受，所以我會關心他們。但我會小心不要聊得太深入，也不要做出什麼承諾。

e 我喜歡跟人聊天，不論對方孤單與否。如果我得離開，我會用溫柔的方式讓對方知道。

四、有人總是滿口寵物經，反而很少談到人，跟這種人做朋友實在讓人懷疑。

a 完全正確。

b 我有幾分認同。

c 偶爾有這種感覺。

d 我覺得沒關係。我猜他們只是比較內向吧。

e 或許我可以多讓他們聊聊自己。他們可能很害羞，覺得聊寵物比較安全。

五、我認為多數人都是孤單的，他們的某些行為或性格會造成與他人的疏離。

a 非常同意。

b 大致同意。

c 世界上有一半的人都是誠實的好人，因爲不可控的因素而陷入孤立。至於另一半，或許他們會變得孤立是自找的。

d 大致不同意。

e 非常不同意。

六、遇上問題應該先向自己的家人求助。

a 沒錯。如果家人都不能依靠了，還有誰可以依靠。

b 大致同意。我會懷疑有人說他們沒有家人，或跟家人不親近。

c 當有誰說他沒有家人可以求助時，我替他覺得難過。

d 我不相信有什麼是「應該」的。我覺得最好不要期待家人或任何人一定會在身邊支持你。

e 有家人的支持很棒，但除了家人，有愈來愈多人需要更廣大的社群力量。

七、大多數陷入孤立處境的人是自己選擇被孤立的。

a 大致同意。

b 在某些情況下同意。

c 我認識的那些孤立的人，大概有半數是刻意選擇遠離人群的。

d 大多數人並未選擇孤立，或許他們深受社交焦慮或憂鬱的問題所苦。

e 內在和外在的力量都會孤立我們，這些力量也會彼此拉扯。

八、支持團體通常是一群孤單、神經質的人，不停地抱怨跟發洩。

a 我覺得大多數支持團體就是這樣。

b 我知道支持團體有所助益，但我不想跟一群情感脆弱的人分享我的感受。

c 我有點遲疑，但我想試試看。過去參加支持團體的經驗有好有壞，團體裡有些人眞的會讓人覺得很沮喪。

d 我有興趣也有意願參加，但如果不符我的需求，我就不會再去第二次。

e 我很樂意尋求支持團體，過去參加支持團體的經驗大多還算正面。

九、如果有個年輕又和善的同事來找你，問你能否借他幾百塊去加油，他很謙遜害羞，也承諾一拿到薪水就會還你錢。他說他不敢找上司幫忙。他才來上班兩個星期。你皮包裡確實有現金。

a 我覺得不要借比較好，因爲誰曉得會不會惹上麻煩。我會告訴他很抱歉，我沒有錢，建議他去找負責薪資的單位，看能不能預支薪水。

b 小心一點好。我或許會幫他，但我會先問他能不能打電話給家人或朋友。

c 幫這個忙令人不安，但我還是會借些錢給他。

d 我覺得沒關係，但就幫這一次。

e 我會借他，順道安慰他說開始新工作和自力更生很不容易。

十、在聚會上，你看到一個坐著輪椅的中年女士。她看起來侷促不安，迎上你的目光時，她害羞地笑了笑。你走過去友善地問了她的名字，兩人聊了一會兒。

a 在社交場合中，我不會接近獨自到場的人。

b 我覺得她很可憐。我會微笑招呼，但僅此而已，因為我也覺得尷尬。

c 我或許會坐到她旁邊聊一下，基於禮貌應該這麼做才對。

d 我會坐到她旁邊跟她聊天，因為我很好奇她是不是剛搬到這附近。

e 我覺得獨自來參加派對的人很特別，認識她應該挺有趣的。

在前面十個問題裡，如果你回答d或e的次數多於六次，對於孤單或孤立的狀態，你或許有較為開放和接納的態度。如果回答a或b多於六次，在你覺得孤單或孤立時，你會傾向批判自己。如果你的答案多半是c，你算中立。

你注意到自己對看起來孤單寂寞的人有什麼偏見嗎？思考這些情境，會不會讓你對自己的孤立感到羞愧、害怕或焦慮？我們都會受到社會汙名的影響，而且確實也經常這樣看待自己。所以，當我們想要重建支援的社群網路、結交新朋友或發展新戀情時，「走出去」其實沒有那麼容易。在建立新的人際關係之前，能夠同情與理解自身的孤單，會很有幫助。在汙名化和各種評斷中，關照自己的孤立處境，是接納自己的一大步。

在接下來的十個問題中，我們要檢驗你對社群媒體和數位文化的看法。大多數人都認爲社群媒體有助於我們與各種支援網路建立連結，但我們也看到了不好的一面：它會影響我們對自己的看法，尤其是在我們陷入孤立時。

哪一個答案最能反映出你的第一印象或想法？

一、臉書發文得到的「讚」愈多，我會愈開心。如果沒有人回覆，我會胡思亂想。

a 對，我常常這樣。

b 視心情而定。有時候別人的回覆會影響我。

c 我不會受到影響。得到「讚」很好，但沒有「讚」我也不會難過。

d 我不在乎。我很少注意別人說了什麼。

e 我會分享我認爲有趣或有益的文章，不論別人什麼反應。

二、手機讓現代人愈來愈不可靠。舉凡朋友、同事、家人，每個人都經常說話不算話。大家常常過度承諾，又在最後一刻取消。

a 不論任何世代都有不靠譜的人。

b 我認爲不是靠不住，而是愈來愈沒禮貌。

c 手機讓大家變得更容易臨時變卦。

d 不靠譜是現代的流行病。每個人都受到影響。

e 以上皆是。

三、被人解除朋友關係或刪好友，我會覺得很受傷。

a 我一直這麼覺得，不論我跟那個人親近與否。

b 有時候這個問題取決於我跟那個人有多熟。

c 我不會覺得受傷，但我會思考自己說錯或做錯了什麼。

d 我不認爲那是我個人的問題。這是社群媒體的常態。（但我確實會好奇對方爲什麼要這麼做。）

e 對我一點影響也沒有。我不會想太多。

四、等了一個月要跟好友一起午餐，我非常興奮。我們坐在餐廳裡分享近況，過了十分鐘，她說要確認一下手機訊息。我有點不開心。我們能不能至少有一個小時的時間好好聊聊，不要被手機打擾？

a 深有同感。

b 我也不喜歡這樣，但只能深呼吸，接受這就是數位時代的生活。

c 我不喜歡這種行爲，但我已經習慣朋友家人一直看手機。

d 我覺得沒關係。我會趁這個時候觀察周遭的人。

e 我也會查看訊息。

五、我經常會嫉妒朋友臉書上的貼文。比方說，我生日時只有一個人留言祝福。但朋友生日的時候，則有幾十則回應！

a 我也會有這樣的感覺。或許別人沒那麼關心我。

b 我很納悶爲什麼自己沒收到更多的生日祝福。

c 我盡量不讓這種事影響我。我會好好感謝祝福我的那個人。

d 噢，誰在乎啊，只不過是臉書。

e 我有不少好朋友，他們很少使用臉書。

六、看別人貼的照片，不論是美好的家庭生活、很棒的假期、很酷的工作、社交樂趣滿滿，有時候我會覺得自己被排除在外，或比不上別人。

a 我常常覺得過得沒有比別人好。

b 有時候對我有影響。

c 我知道人們只會選擇性分享，不過我還是有點沮喪。

d 我不覺得被排擠。我喜歡看朋友都在做什麼。我會「按讚」鼓勵。

e 我很喜歡他們快樂的照片散發出的正能量。

七、我堅持一定要找時間放下手機，尤其是吃晚餐的時候。如果我費心幫大家煮了一頓好吃的，我們最好能開開心心上桌，不要分心！

a 我試過了，但只要一天能有二十分鐘好好地面對面講話，就算幸運了。

b 我試過了，但只要一天能有四十分鐘好好地面對面講話，就算幸運了。

c 我試過了，至少有幾天我們能有一整個小時的時間好好地聊一聊。

d 這不是多難的事。我們已經找到適合聊天的時間和模式。

e 我的家人朋友都很認真看待面對面交流。這是我們遠離瘋狂世界的避難所。

八、在數位時代裡，要有深刻或充滿意義的對話很難，不論對方是誰。我很希望能跟別人交流長談，討論生命中重要的事情。有時候我會覺得很孤單，無法跟其他人分享內心深處的想法和感受。

a 完全正確。我覺得很難過也很氣餒，這個世界如此膚淺，步調太快。

b 有幾分正確。如果無法跟別人談談我的感受，我會尋找其他出口。

c 有時候這一點會讓我感到沮喪，還好我生性樂觀，也相信人類進展的方式有時我們無法全然理解。

d 我認為這個世界對哲學人和「老靈魂」來說總是很膚淺。但我們一定能找到志同道合的人。

e 我們可以活得有創造力，敞開心胸，心懷感恩。問題終究都會解決的。

九、我覺得自己跟數位時代格格不入。我像個局外人。我感到被孤立。

a 沒錯，這是一個孤單的世界。我希望能有眞正的朋友。

b 有時候我會有這種感覺，但至少我有兩、三個能互相了解的朋友。

c 我們必須適應數位世界，不然就會被打敗。

d 我相信妥協與平衡。線上和線下都需要時間。

e 網路世界的友誼可以更深刻也更真實。我們可以寫文分享各種體悟、感受、夢想和觀察。上網發揮創意吧！

十、思考一下，過去十年來，你覺得社群媒體讓你更孤單，還是更不孤單？

a 當然是更孤單。

b 有時候比我想的更孤單。

c 我覺得差不多。

d 就某種程度而言，比較不孤單。

e 當然更不孤單。

如果你回答d或e的問題多於六個，對於數位時代和社群媒體的影響，你可能沒那麼敏感。如果回答a或b的次數多於六次，數位文化或許讓你感到孤立。如果你的答案多數是c，或平均分布，你的感覺有好有壞。

反思一下自己的價值、信念以及對社群媒體的感受，才不會讓虛擬網路支配了你的生活。但願我們不會讓社群媒體定義了我們在世界上的定位與歸屬感。有一天，我做了漂亮的手工卡片，寫上感恩的訊息，寄給每一位我愛的家人、朋友和親近的同僚，我發現這樣我更能夠有歸屬感。我告訴每個人，他們讓我心有所繫，即使社群媒體有時會讓我質疑自己的名聲、地位和自我價值。

閱讀社會科學的研究成果，理解社會汙名的效應以及社群媒體對社會孤立的影響，也很有幫助。我找到令我大開眼界的重要研究，讓我更了解在這個文化中每個人都會受到同樣的影響。從社會科學中得到經驗與知識，有助我們走出苦澀的孤單時刻。下一章，我將用簡短的篇幅探究造成孤立的社會經濟和文化力量。從更全面的觀點來看，我們可以更有同理心，明白爲什麼這麼多人覺得被孤立，以及我們可以怎麼做，才能夠建立社會安全網，支持自己，也支持他人。

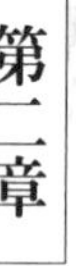

第二章 孤立我們的力量

孤立的全貌：社會經濟及文化的力量

光是聽到「孤立」（isolation）這個詞，我們心中就會浮現一個人孤孤單單、廢棄空間、封閉、隔離、疏離的影像。感覺既陰暗又寒冷。根據《牛津英文辭典》的解釋，isolate 的意思是「使成爲孤單或分開」。社會孤立則是指個人缺乏與社會的接觸。

寂寞（loneliness）是孤立被感知的狀態，但孤立不等於寂寞（即使周圍有其他人，我們也會感到寂寞）。社會孤立者有嚴重的社會接觸障礙，例如缺乏交通工具，或由於失能而無法參與社交活動；他們也嚴重缺乏社會支持。相對的，寂寞感則是個人面對孤立處境常見的反應——沒有歸屬感、不覺得屬於哪個群體、不被接納、不被了解或不被愛。社會孤立的人往往很寂寞，但也有例外。社會科學研究檢驗了「感覺的」孤立（寂寞的感覺）與「實際的」孤立（缺乏人與人的接觸），以便探究孤立和寂寞的感受如何相互作用。

一般來說，使用「孤立」一詞，意思是指陷入孤立的處境，或者自我孤立。所謂「自我孤立」則是把責任歸咎於個人，暗指這個人選擇逃避人群，而大多數人會認爲這是不健康的習慣。我們的社會認定：習於孤立自己的人是有問題的。

外向的人常覺得內向的人太過於孤立。內向的人通常喜歡獨處與安靜地思考。（身爲一個高敏內向者，我非常了解這一點：我渴望僻靜，才能沉思和反省。）但需要獨處的安靜片刻和眞的被孤立，兩者截然不同。內向者跟外向者一樣，想要的話，都可以選擇出門與人互動，而我們至少也有個可以交心的朋友。內向的人一般來說並不孤立，只是他們把情感連結視爲更個人與私密的事。

可惜的是，過去二十年來的自助（self-help）產業把「孤立」這個常用的詞彙變成負面的標籤，用以形容一種退縮與逃避接觸的模式。據此，人會逃避現實，退出眞實世界，透過數位連結就不用實際面對面。當朋友注意到我們不像以前那麼常出門，便會指責我們孤立自己。他們的觀察讓我們心中的警鈴大作，接著就是自我批判、自我懷疑或感到羞愧。不知不覺中，我們把孤立的帳都算到自己頭上。

但是社會孤立不一定是個人的選擇。如果只是怪罪自己，我們可能就看不見眞正造成孤立的事實，而且任何人都有可能被孤立。舉例來說，只消看看美國退休人員協會（**AARP**）針對五十歲以上的人所做的孤立研究，就可以清楚發現導致孤立處境的原因不光只是個人因素。

根據美國退休人員協會的 Connect2Affect 研究（2012-2017），列出了五十歲以上人士遭到孤立的八大原因（未按特定順序排列）。其中有些原因也適用於不到五十歲者：

一、獨居（超過六十歲的人，獨居者接近百分之三十）。

二、健康與福祉狀態不佳（活動力或感官受損）。

三、重大的生活改變和失去，例如喪親、分居或離婚。

四、社經地位、缺乏機會、不平等（沒有收入、資源有限）。

五、居住地（鄉間、不安全，聯外不便）。

六、負責照顧失能或重病的人。

七、交通運輸不便利。

八、社會障礙、汙名、對特定團體的偏見（年齡歧視、性別歧視、種族歧視、失能歧視等等）。

Y世代的孤立程度可能更高。根據康健人壽（Cigna）近期的研究，最寂寞的年齡層落在十八到二十歲，也就是Z世代。第二則是二十三到三十七歲。康健人壽在二〇一八年調查了兩萬多名十八歲以上的美國人，揭露了不少令人訝異的發現：

- **Z世代**（十八到二十二歲）是最寂寞的一代，據信健康狀態也比不上年紀更長的世代。
- **將近一半**的美國人表示，有時候或總是感到寂寞（百分之四十六），或覺得被冷落（百分之四十七）。
- **四分之一**的美國人（百分之二十七）很少或從不覺得有人眞的了解自己。
- **五名美國人中有兩名**有時候或總是覺得他們的人際關係沒有意義（百分之四十三），也覺得被孤立（百分之四十三）。
- **五人中有一人**表示，他們很少或從不覺得與誰親近（百分之二十），或有誰可以傾訴（百分之十八）。
- **與他人同住者比較不會覺得寂寞**（平均的寂寞評分是43.5），獨居者則覺得比較寂寞（46.4）。然而，這個數據不適用於單親爸媽／監護人（平均分數48.2），即使他們與小孩同住，也比其他人更容易覺得寂寞。

就我的情況來說，二〇一二年，在我從緬因州的波特蘭搬到麻州的波士頓之前，我一個人住、沒錢、單身、工時被砍半、得了結腸炎，唯一的老爺車也拋錨。我連生活都快過不下去了，更不用說出門「社交」。我當然沒辦法跟環境比較好的朋友一起去吃壽司，連麥當勞都覺得太貴。慢性結腸炎突然加劇時，我虛弱又疲累，連工作進度都跟不上，但是我「看起來不像病了」。我更加依賴社群媒體來保持人際連繫，因爲我就是沒辦法出門。是我孤立自己，還是我被生活給困住了？有些朋友說我孤立自己，但他們從來沒經歷過身無分文的日子，也沒得過慢性病，所以不了解我的困境，這樣公平嗎？

爲了生存苦苦掙扎，朋友、同事或家人竟然還認定你是在孤立自己。不幸的是，相較於坦白解釋自己的困境（又擔心被誤以爲是無病呻吟），我們經常屈服於他們的評斷。我們會把他們的批評內化，責怪自己內向、焦慮、不善規畫、沒有存款，或是「選了一個很糟的」工作、居住地區、伴侶或朋友。

二〇一二年當時，我認爲我會變得孤立都是自己的錯，是我沒有好好跟別人相處。朋友們說得沒錯，是我不夠努力。按照他們的看法，把原因歸咎給無法控制的力量就是在逃避責任，承認自己失敗。拿性格缺陷做爲孤立的箭靶比較簡單，就不用誠實面對生活的劇烈改變是由於生病和失去一半的薪水所造成。不幸的是，各種勵志類書籍強化了一個信念：要走出孤立只需要整理自己、改善自己、讓自己更討人喜歡。我覺得更糟糕了。我讀的勵志書、心靈書和養生書，以及別人給我的勸告，都告訴我孤立沒有任何藉口，是態度的問題——直到二〇一二年六月一日，我在緬因州醫院動完手術後，醒過來的那一刻。

切除子宮的手術過後，我醒來了卻只能滯留在醫院裡，我眞眞切切被孤立了。每個人都可能會碰到那樣的處境，不論你有多懂得安排、交遊多廣闊、有多少人愛。我的朋友貝琪原本答應來醫院接我，陪我一個晚上。我指望她會來，她是我最可靠、最有愛心的朋友。我認識她十一年了，我們從來沒有讓彼此失望過。我幫她照顧過貓咪和花園，她去渡假時我幫她檢查答錄機，我要去醫院做療程時，她也開車載過我幾次。

但就在我最需要她的那一天，護士來幫我換點滴時，我伸手拿起手機看到一則短短的訊息：「眞的很抱歉，家有急事，今天不能來。」

我把手機舉到面前，像是在照鏡子，看著她的簡訊。我嚇傻了，反覆看了又看。貝琪不會來。沒有人會來。我不覺得憤怒，只覺得動彈不得又很無助，也很羞愧我沒有人可以依靠。

到處找人幫忙也打擊了我的自尊，但我仍相信貝琪是我的朋友。她沒來醫院接我沒有關係，我猜是她患有失智症的父親可能出了什麼事，她趕著去羅德島。

但回到家過了好幾天，貝琪仍然沒有回我電話或電子郵件。她消失得無影無蹤。我很擔心她，我想知道到底發生了什麼事。她說的急事到底是什麼事？我找到她工作的地方，她同事告訴我那天她在當班。所以，不論如何，她還是回來上班了，但就是不回我訊息。她爲什麼避著我？究竟怎麼了？我做錯了什麼嗎？

過了幾個星期，又過了幾個月，貝琪依舊沒有回應，我非常不滿，變得憤世嫉俗。就連其他朋友感覺也在疏遠我。朋友向來就像是我眞正的家人，因爲從小到大，我自己的親人都很不可靠。但在我花了五十年時間靠向友情之後，此刻我卻求助無門。

很多個月過後，我終於從貝琪的一名朋友那兒得知，爲什麼我在醫院那天她沒有來。她女兒出了車禍，被送進急診室，離我們這裡有兩百多英里。貝琪一早就趕過去，因爲沒有人能幫忙處理這件事。

聽到消息後，我打電話給貝琪，留了語音訊息，表達我的關心，可是她一直沒有回覆。最後我明白了，我必須放手。但我覺得很難過，我無法親口告訴她，我很高興她女兒沒事。就算在最可怕的那一天她沒來醫院，我也原諒她了。

當時我尚未察覺貝琪之所以避著我，最根本的原因是一個暗黑的祕密，也讓她因此跟所有朋友斷了連繫：她兩個已經成年的繼子女都有藥物成癮的問題，她的生活各方面都陷入危機和混亂。貝琪被一種無情的疾病給困住了，這種病會摧毀人際關係，撕裂親情和友誼。這種病也會毀掉信任、善意、承諾、夢想，以及我們渴望分享的愛。對我來說，它毀滅了我跟貝琪的友誼。即使有個大家庭，貝琪顯然比我更加孤立，因爲她無法脫離持續不斷、耗盡心力的混亂。她陪孩子參加過戒除癮症的十二步驟計畫、讀過心理勵志書、試過抗憂鬱藥物，但都無法將她從自責的牢獄中釋放出來。

我閱讀關於成癮的社會科學研究，裡頭也談到社會孤立的問題。社會孤立是一種很嚴重、蔓延速度很快的流行病，美國各地的醫療供應商都觀察到這種現象。對此我一點也不訝異。藥物成癮的危機也可能是社會孤立的結果。許多研究顯示，因爲社會汙名化、羞愧、財務或醫療需求等壓力，成癮者的家人會被孤立。

讀過這些研究，理解貝琪面對的問題，我也放下了對於朋友之間應該如何「互相支持」的期待。沒錯，她讓我獨自一個人待在醫院裡，她丟下了她的朋友，因爲藥物成癮的問題毀了她的家庭，她被這場危機困住了。凡事有因也有果，在這場孤立的流行病肆虐下，任何人都有可能被拋下。我們任何人都有可能因爲不可抗力的因素而連自身都難保，更遑論幫助別人。

貝琪的事件讓我看到生命中不可控的力量如何孤立我們，或至少成爲孤立的原因之一，而責怪自己或他人永遠於事無補。我可以清楚看到環境（外部）的力量和心理（內部）的力量如何讓社會孤立變得更加複雜。這些力量的相互作用會導致痛苦的惡性循環。

下面列出社會孤立常見的起因：

外部障礙	內部障礙
疾病、慢性疼痛或失能	焦慮
財務損失、失業	想要避免再度受傷
需要照顧別人	憂鬱、絕望
工時太長／經濟困頓	怨恨、疏離、受夠了人性
無家可歸、經常搬家、住在不安全的區域	極度內向、沒有關係親近的人
交通不便	缺乏耐心、衝動

喪親或與親人分開	羞愧
調職、剛加入新的社群	責怪和自責
孩子離家後的空巢期	高敏內向
退休、與同事缺乏連繫	對其他人沒有興趣、只在乎自己
老化，看著親友逐漸離去只剩自己	認知及智能缺陷
突然成名或成功（比同儕更出色）	沒有同情心
語言和文化障礙	抗拒改變、缺乏彈性、心態封閉
特別有才華或天賦（對別人造成威脅）	對外界事物缺乏好奇心
逃避或疏離施虐的伴侶或家人	放不下已經結束的關係
成癮者的家人、父母或小孩	成癮、藥物依賴

這份清單還可以繼續列下去，但我們能夠藉此檢視常見的原因，了解爲什麼我們會變得孤立。除了思考造成孤立的外部和內部因素，也別忘了我們活在一個愈來愈孤立的時代。我們或許已經看到親人、朋友或同事變得多孤立，以及要克服孤立彼此的力量也不容易。

下列的資料和研究結果揭露更多關於社會孤立的真相：

- **四名美國人中就有一人是獨居**，資料來源是美國人口普查局。過去十年來獨居人口增加了百分之十。（Health Resources and Services Administration, January 2019）
- **社會孤立是一種不斷蔓延的流行病**。（Cigna Study, May 2018）
- **沒有親近好友的美國人自一九八五年以來人數成長了兩倍**。（*National Science Foundation Report*, 2014）
- **孤立變成一種公共衛生危害**。（Amy Ellis Nutt,“Loneliness Grows from Individual Ache to Public Health Hazard,”*Washington Post*, January 31, 2016）
- **相較於社會參與度較高的人，社會孤立者早逝的可能性是兩倍。社會孤立跟肥胖或吸菸一樣，可能會縮短壽命**。「調查人口 308,849 人，後續平均追蹤七年半，證實相較於社會連結不足者，有適當社會連結的人存活率高出百分之五十。」（Holt-Lunstad, Smith, and Layton,“Social Relationships and Mortality Risk: A Meta-analytic Review,”2010, PLoS Medicine, 7, e1000316）
- **醫院裡面臨社會孤立的病患**（**沒有家人**）**愈來愈多，是社會孤立蔓延的徵兆**。

（Dhruv Khullar, How Social Isolation Is Killing Us,*New York Times*,December 22, 2016）

- **孤單和社會孤立是冠狀動脈心臟病及中風的風險因子。**（British Cardiology Society, 2016）
- **孤單的人比較容易受到負面關係與互動的影響。**「一般而言，他們對小麻煩和小錯誤的忍受度比不孤單的人來得低。」（Cacioppo, Norris, Decety, Monteleone, Nusbaum,"In the Eye of the Beholder: Individual Di_erences in Perceived Social Isolation Predict Regional Brain Activation to Social Stimuli,"January 21, 2009, PMC, NIH）
- **陷入社會孤立的年長者更有可能罹患阿茲海默症。**（Alzheimer's Association, 2016）
- **遭遇社會孤立的孩童及青少年更有可能在二十年後罹患心臟病。**（Caspi, Harrington, Moffitt, et al.,"Socially Isolated Children 20 Years Later,"Archives of Pediatric and Adolescent Medicine, August, 2006）

心不在焉的對話

從我生命中消失的不只是貝琪這個朋友，我覺得心裡還有什麼東西也跟著消逝了，然而我難以名之，只是有種不確定的奇怪感受，不信任、心慌、心不在焉，甚至連跟別人的互動都變得很不對勁。不知爲何，我覺得人際關係不再牢靠。打電話給別人時總是「很不湊巧」，他們可能忙著日常瑣事，感覺好像我打擾了他們。我覺得自己像個邊緣人，難以融入，更不用說要得到誰的注意。確實，網路上有很多吸引人的事物（查看貼文或追劇），會讓人連星期日也沒空回我電話。

我搞不懂數位時代的溝通模式，過去那種老派對話的禮節好像都不管用了。沒有人教我該怎麼做；我感嘆深度對談已經過時，在家相聚或下午茶都成了舊時的安慰。即使是一般日常的對話，似乎也草草結束。在公司裡，就算坐在同一個辦公空間，同事們也不願意面對面討論事情。彼此只隔四英尺，卻寧可靠電子郵件往返！

我錯過了什麼嗎？爲什麼我覺得自己像個傻子，妄想開啓眞正的對話（起碼持續兩分鐘以上的對話）？還是問題出在我身上，大家就是不想跟我講話？不論是什麼原因，我覺得自己應該閉嘴，跟著潮流走，多花一點時間在網路社群媒體上。對抗不了，就加入吧。多在臉書發文、發推特、發簡訊、傳訊息、寫電子郵件、傳表情符號、傳IG照片，而且話語愈少愈好。文字要幽默、精簡、「値得按讚」。在酒吧、餐廳或聚會中，沒有人想跟你講話時，總有手機相伴。

接下來兩年，我愈來愈依賴社群媒體，在網路上追蹤我認識的人，貝琪也是其中之一。她在臉書上看起來過得很好，照片裡的女兒看起來也很開心。她沒有接受我的交友請求，我哭了兩天。你問我怎麼不打電話給她？我應該已經留了十幾通留言。

看Netflix、喝紅酒，以及瀏覽YouTube上風格各異的塔羅師幫我算命，我覺得自己得到了安慰。我依靠螢幕過生活。我用螢幕抵擋孤單寂寞，不論是高畫質螢幕、手機螢幕、平板螢幕、電影院的大銀幕。螢幕提供陪伴、給我歸屬感、讓我忘了手術後沒有人來醫院接我。再也沒有交心對話，螢幕就能塡滿空虛。

所謂交心對話不一定是有深度的對談，可能是閒聊、跟朋友躺在沙灘上或漫步林間、直到午夜仍捨不得散去的晚餐聚會、跟旅伴坐在碼頭上看著船隻來來去去，也或許是誤會之後一個充滿愛與寬恕的擁抱、下雨的午後一起看場搞笑電影。

我迷失在回憶裡，差點就錯過窗外的松樹上有對山雀在唱歌。我放下筆電，坐在窗邊的藤椅上，近看山雀在樹枝間跳躍的模樣。牠們正生氣勃勃地聊天，輪流講講話。我突然很懷念自己像這些精力充沛的小山雀一樣嘰嘰喳喳的樣子——那就是爲什麼我覺得這麼孤單！自由自在眞心對話的次數，用一隻手就能數出來。我總算明白這三年來讓我不好受的問題所在。

貝琪很喜歡山雀。十七年前我剛搬到緬因州時，我們每個星期都會坐在她家後院的涼亭裡聊天，院子裡種滿了紫色的醉魚草。我很想念她。距離我們兩人上次的對話，已經過了整整三年。

我再度轉向窗外，看著山雀。其中一隻飛到最靠近我的枝枒上，歪著頭盯著我瞧，然後用盡小小身軀的力量大聲鳴唱。我微笑傾聽，讚嘆牠的膽量。牠眞的很怡然自得！我心想，多棒啊，能這麼自在！不知爲何，牠跳到窗臺上對著我繼續唱。突然間，我想也不想，毫不猶豫地抓起手機，打給貝琪。

接通了！我劈頭就說，是山雀要我打這通電話。

她笑了！貝琪馬上說，她很高興我打電話給她。她說她最近輕微中風，正在慢慢恢復，我聽了很驚訝。由於生活起居大小事無法正常進行，她不得不辭去工作。她的繼女戒除了藥物成癮的問題，跟她住在一起。要顧及自己跟別人的需求讓她無所適從，她承認她需要協助。

她解釋說：「我再也無法集中注意力。事實上，我現在做什麼都沒力氣。我想好好照顧家人，但我沒辦法做到，芙爾，還好有朋友來幫忙。我很高興妳打電話過來。我眞的很抱歉，我不是一個好朋友。在妳需要時我不能去幫妳。我無法面對妳，我躲起來了。我錯了。」

「貝琪，那時候妳也碰到很糟糕的事。」

我們在電話兩頭流著淚傾訴。兩週過後，我從波士頓回到緬因州去探視她。貝琪中風後，說話速度變慢，有些事情想不起來，但是她依然很喜歡講話。我們坐在花園的涼亭裡，有時無語地看著紅雀、小雀和山雀停到餵食器上。過去的事情都過去了，我們對彼此承諾：「再也不要逃避退縮。」

孤立和社群媒體：惡性循環

我不知道有多少人會選擇「逃避」，或放棄與所愛的人好好對話，更不用說是跟朋友。我常聽到年過五十的人說，他們很懷念「美好的往日時光」，可以整個下午與家人朋友閒聊，內心充滿歸屬感。現在，運氣好的話，你才有可能和別人聊十五分鐘而不被手機訊息打斷或分了心，要去哪裡尋找歸屬感？

我翻閱各式社會科學研究，想知道真實對話是否真的從數位時代消失了。麻省理工學院的社會科學教授雪莉・特克花了十二年的時間，檢視數位科技如何耗損我們的時間、注意力，而且讓我們再也不珍惜有意義的對話。在她最新的著作《重新與人對話》，她感嘆我們與人互動時還是會不斷看手機，「你不知道朋友、老師、父母、愛侶或同事剛才說了什麼，以及他們表達的意思和感受。」

雪莉・特克提出令人信服的論述，要我們從自身做起，讓孩子、同儕、同事及朋友學著重視面對面互動的時間。她的研究結果鼓舞了我，我認同她建議的方法，珍惜眞實的對話。多數人或許不需要研究結果來證實我們需要找回對話的機會。而我經過多年被迴避、打斷和無視的經驗，她的研究確實帶給我很大的安慰和療癒，也幫我重建自信。

特克的書以及我參考的十幾項研究都證實了，網路社群媒體確實會影響我們面對面說話的時間與意願。爲了追求與他人的連結感而過度依賴網路社群，導致我們失去討論更重要或更困難的主題的溝通能力。反過來說，適當地利用社群媒體和網路，找到眞實與虛擬的平衡，有助於加強關係的緊密度，也讓我們有更多實際交流的機會。遺憾的是，研究顯示，如果你的生活**已經**孤單又孤立，你更有可能過度依賴社群媒體，愈來愈逃避對話和有意義的面對面活動。

當孩童和青少年覺得被孤立時，他們會變得更加脆弱。美國兒科學會（AAP）以「臉書抑鬱症」（Facebook depression）這個詞警告父母，過度使用社群媒體有可能損害孩子的腦部發展。

對網路社群的依賴衍生出一個讓人無法忽視的現象，叫做**錯失恐懼症**（FOMO，fear of missing out）。這種症狀會導致抑鬱，也可能造成焦慮，尤其是社交焦慮。（有趣的是，早在社群媒體出現前，作家派屈克・麥金尼斯〔Patrick McGinnis〕就在二〇〇四年發明 FOMO 一詞，他的文章因此在哈佛商學院的雜誌中受到注目。）

錯失恐懼症總結了社群媒體讓我們一直掛在網上從而落入孤立的方式，包括：一直看手機，怕錯過任何訊息，怕沒跟上或被遺忘了；看別人都在做什麼，拿自己和他們比較；查看即時新聞、事件，以及計畫是否有任何變卦。

諷刺的是，愈是想要保持連結，就變得愈是孤立。我注意到一些數字：

- 覺得自己孤單寂寞的Y世代，更依賴社群媒體和透過網路維繫友誼。（Social Media Use and Perceived Social Isolation Among Young Adults in the US, Journal of Preventive Medicine, 2017）
- 百分之八十二的人認為，在聚會時使用機確實妨礙了對話。（Tchiki Davis）
- 美國成人人口中百分之九十二有手機，其中九成表示他們經常隨身攜帶手機。手機人口裡，大約百分之三十一表示從不關機，百分之四十五很少關機。（Pew Research Center Study of 3,042 Americans, 2015）

- **女性比男性更易感受到在社交聚會中使用手機的負面影響：**百分之四十一的女性表示經常如此，男性則有百分之三十二。五十歲以上的人（百分之四十五）相較於較年輕的手機使用者（百分之二十九），更容易覺得手機影響了團體交流。（Pew Research Center Study of 3,042 Americans, 2015）
- **只有約半數美國人**（百分之五十三）每天享有眞實與有意義的社交互動，像是與朋友好好聊聊，或與家人共度有品質的時光。（Cigna study, 2018）
- **臉書會讓我們覺得孤單**。（Facebook Use Predicts Declines in Subjective Well-Being in Young Adults, University of Michigan Study,August 2013）
- **社群媒體使用與否並非寂寞感的預測因子：**社群媒體重度使用者的寂寞評分（43.5）與從未使用者（41.7）相比，並無顯著差別。（Cigna study, 2018）

重點在於：缺乏面對面的接觸交流，我們更可能轉向線上連結，把網路當成唯一的友誼來源，而這會造成更嚴重的社會孤立，心理及生理健康都會受影響。確實是個惡性循環。以下這張圖表顯示了，在好友貝琪沒來醫院接我，接著又從我生命中消失後，我就墮入了孤立的惡性循環。一開始社群媒體還能帶來安慰，但慢慢地我卻變得更孤立，也逐漸痲痺。

社會孤立的惡性循環

貝琪沒來而且消失了。
我沒有人可以求助。

我想找人說話，
結交新朋友。

我覺得自己在聚會上
好像隱形了一樣，大家也聊
得不多。這樣幹嘛出門？

我更常上臉書，
因為我更常待在家裡。

我很擔心沒有人「按讚」，
我會拿自己跟別人比較。

我被解除好友，
「讚」也很少。
何必再多聯絡？

「算了吧。乾脆待在家，
窩在舒服的椅子上，
抱一桶冰淇淋，倒一杯紅酒，
上 YouTube 看我最喜歡的塔羅師。」

互相比較的陷阱

在網路社群媒體造成社會孤立的相關研究中，有個隱而不彰的問題，同時也象徵著人類最深層的恐懼：害怕別人的批評。社會科學家稱這種恐懼爲「社會評價威脅」（social evaluative threat）。這個用詞完美呈現了當我們和別人的成就或常態相比時所引發的焦慮。社會評價威脅有時可能確實會帶來威脅感，也會影響健康，不論生理或心理的健康。

社會評價威脅也是爲什麼多數人都會害怕在眾人面前講話的原因。就連外向的人也會避免在某些人面前說話。想像一下，如果所有的社交情境都會誘發如同進行公開演說的焦慮程度呢？社會科學家提醒我們注意，在一般的社交場合中社交焦慮的上升程度令人擔憂，尤其是必須面對面溝通時。根據調查，Y世代和Z世代的成人在面對面的社交活動裡焦慮感會增加，即使只是聊聊天的非正式場合。害怕被評斷的焦慮令人痛苦，造成很多人陷入孤立。

加州大學聖地牙哥分校的社會心理學教授珍・特溫格博士研究被評斷與比較對個人所造成的壓力。她寫了一本書《I世代報告：更包容、沒有叛逆期，卻也更憂鬱不安，且遲遲無法長大的一代》（*iGen: Why Today's Super-Connected Kids Are*

Growing Up Less Rebellious, More Tolerant, Less Happy—and Completely Unprepared for Adulthood—and What That Means for the Rest of Us）。

根據她和其他學者的研究顯示，當我們覺得自己受到批評時，體內名爲兒茶酚胺（catecholamine）的壓力荷爾蒙會劇增；過去幾年來，人體內的兒茶酚胺含量不斷上升，尤其是Y世代和Z世代的族群。我們不需要社交焦慮症的診斷就能感受到這種壓力荷爾蒙驟增的影響。社會地位不高或背負汙名（癮症、失業、心理疾病），都會讓人害怕遭到評斷。我們寧可孤立自己也不願意面對那些可能會瞧不起我們的人。我們從社交中退縮，更不用說想要和別人競爭。這不只是缺乏自尊或自信的問題，也不是自我提升的問題，因爲不論我們怎麼做，這就是一個不斷衡量與比較的世界，不管是說話舉止、開的車、消費方式，甚至連表情都會被拿來檢視。而面對所有的批評論斷，但願我們有勇氣伸手求援，遇到眞正欣賞與喜歡我們眞實模樣的人。

社群媒體把社會評價威脅提升到一個全新的壓力程度，有時候令人無法承受。我們彷彿生活在一個大魚缸裡，隨時被人觀察和檢視。我們冷酷地拿自己與他人比較，小心翼翼地確認自己看起來很好，傳送出正確的訊息。我們保護且再三確認個人品牌、形象、用字遣詞。我們刪刪剪剪、用表情符號當標點、美肌修圖、裁切和編輯，直到忘了自己是誰。我們有很多範例可以複製貼上。交友或求職軟體不消幾秒鐘就能解決煩人問題。我們怎麼能犯錯呢？全世界都會看到！或者，不喜歡我們的人可以挖出我們過去的照片或紀錄，讓我們的雇主、債主或新伴侶看到。一切都不安全，什麼都可以被侵犯。在這個殘酷的世界裡，溫柔相待非常不容易。

歷經一番痛苦折磨，我們學到維持社群媒體的規則：小心謹愼、賣弄聰明，還有兵不厭詐。你要知道自己在做什麼。不要太自動自發、太做自己、太深入、太激烈、太誠實、太過頭！反過來說，老舊無趣的東西也沒人看，就別花時間了。所以我們不會分享平淡、無聊卻讓人樂在其中的時刻，這些才是人性的所在。簡言之，社群媒體的文化不欣賞眞實且帶點人味的交流的藝術。但在螢幕之外，我們需要這些溫暖、令人放鬆的角落，讓我們可以聚在一起、離開聚光燈、享受那個片刻。「上線」之餘，我們也需要「離線」休息。

根據社會科學對於社群媒體的研究，以及我自己的親身經歷，社會評價威脅來自造成我們痛苦的三個常見因素：汙名（stigma）、地位（status）和羞愧（shame）。我稱之爲三個S。這三個S是造成孤立的力量，逼得我們不斷拿自己跟別人比較，而當我們覺得受到評斷時，壓力荷爾蒙就會升高。

如果我們遭遇汙名化（癮症、精神疾病），或地位比別人低落（破產、失業），或覺得自己有缺陷或感到羞愧，那麼我們就更容易覺得焦慮，從而想要避開其他人。再者，根據研究，我們因此更容易陷入孤立，轉向社群媒體的支持，而當我們把重心放在會讓人更孤立的社群媒體時，惡性循環就會更加深。

當我們經歷孤立的時刻，自我檢視是否遭遇這三個S，對我們會有所幫助。

汙名：在大多數社交情境中，我們不願意談論自己的問題，所以我們感到孤立。我們覺得必須保密，把自己的問題隱藏起來。

地位：我們覺得自己比不上別人，所以我們感到孤立。（即使我們不認爲自己比較差，或許還是得面對看不起我們或無視於我們的人。）

羞愧：我們相信自己做錯了什麼。羞愧感通常是內在信念造成的結果，源於汙名和地位低落等社會力量。

我列了一份簡短的自我評估，探究生活中會讓人變得孤立的內在與外在力量。

你爲什麼會陷入孤立：自我評估

以下一至四題，選擇最適合你的描述。

一、社會評價威脅（社會評價對你的影響有多大？）

a 我不會去參加社交活動，壓力實在太大了。

b 我對別人的批評很敏感，一定會選擇我覺得自在的環境。

c 我有時候會覺得不自在，但我還是經常會去參加社交活動。

d 社會評價不會太困擾我，我不會讓別人的意見影響我的興致。

二、社會汙名

a 我正面臨一個我無法跟別人討論的問題。

b 我的問題只能跟一、兩個人分享，我不會跟別人說。

c 我有個問題很難跟多數人討論，但我找到了支持團體，可以跟他們討論。

d 現在我沒有任何需要隱瞞的問題。我跟別人分享幾乎所有的事情。

三、社會地位；互相比較

a 我覺得自己比別人差，同儕有的我幾乎都沒有。

b 在某些社交情境中，我覺得不如別人，但我有幾個朋友和同事完全接受我的眞實模樣。

c通常我不會覺得自己比不上別人。大多數時候，我真的不在意別人都是怎麼過的。（但是偶爾我還是會感到嫉妒！）

d我很滿意我所擁有的，以及我目前的成就。

四、羞愧及自尊心低落

a我很煩惱，常覺得自己沒有價值。

b起碼在某些時刻，我覺得自己可以給別人的東西很多。但我仍然覺得自己不夠好，我希望能減少這種感覺。

c我相當有自信，大多數時候覺得自己還不錯。

d我對自己的接納度很高，也覺得我是個可靠的人，可以幫助別人。

如果你的答案多半是a或b，在社交情境下你會很容易感到壓力與焦慮。參與社交活動時，或在參加社交活動前，有一個讓你感到安心、不評斷、接納你的人（知己、治療師、教練）可以幫助你，對你是有助益的。支持團體或一群想法類似的人或許也可以幫助你增加自信。如果你的答案多半是c和d，你在社交場合中會覺得比較得心應手，壓力和焦慮也不會太多。

五、使我們陷入孤立的社會、經濟和文化障礙

看看下列清單，它們是否會妨礙你建立人際網路。

- 慢性或嚴重的疾病，或慢性疼痛（生理或心理疾病，或兩者皆有）
- 失能（視覺、聽覺、行動力、腦部受傷、發展、其他）
- 主要照顧者，沒有支援
- 沒有收入
- 為了維生，得長時間工作
- 週末工作或值夜班（失去社交機會）
- 獨居
- 缺乏交通工具，或交通限制
- 失去住處，經常搬家或無家可歸
- 經歷天災而倖存
- 住在郊區，覺得「被切斷」社交連結
- 住在不安全的區域，害怕晚上出門
- 憂鬱或抑鬱

- 覺得羞愧及自尊心低落
- 社交焦慮症
- 癮症與戒除癮症
- 喪慟，正從親人過世的陰影中走出來
- 離婚或分居
- 空巢期（小孩離家，你必須努力建立新的社交圈）
- 退休（不工作了，你必須再結交新朋友）
- 升遷或生命中重要的里程碑，但你的朋友或家人卻無感，或覺得受到威脅——他們覺得被你抛在後頭。成功可能會讓人陷入孤立。要離家上大學的人也可能感到孤立。
- 特別有才華或才能（這樣的人通常無法跟別人討論這個問題，所以會隱藏才能，覺得寂寞和「跟別人不一樣」。他們的能力可能會威脅其他人）
- 其他：需要的話，列出你的障礙

如果你在上述清單裡勾了幾個選項，那就表示你正在生存模式裡苦苦掙扎。面對讓你變得孤立的力量，你要對自己有同情心和耐心，更要理解自己的處境。

培養耐心與善待自己比急著「向外」尋找人際連結更重要。建立支援體系要花很多時間，投入不少力氣，但千萬不要放棄。二〇一二年，我從緬因州搬到波士頓以後，沒有朋友、沒有家人、身無分文、因爲慢性病而身心俱疲，我花了六年的時間才建立起新的社群網路。當時我勉強付得起房租（在波士頓可不簡單），工時長得荒謬，我被困在生存模式裡。

一言以蔽之，生存模式會讓人陷入孤立。

當我們對自己的處境有愈來愈多的體諒，我們就會明白生存模式的需求、汙名和羞愧感怎麼把我們困在孤立裡。理解造成孤立的原因之後，我們必須試著與孤立的處境爲友，不要因此覺得羞愧。我們可以從孤立中學習，聆聽它的聲音，讓它引領我們前進。

儘管面對生存的壓力，加上汙名和羞愧，我們還是可以突破孤立，創造出接納、有歸屬感的社群。擔任復健諮商師的時候，我見證過許多案主展現出這種韌性和智慧；我也在朋友和同僚身上看過這種力量。我認識被邊緣化、被拋棄、孤立無助的人們，但他們從未放棄，最終也找到互相支援的人。對我們大多數人來說，這是一項艱難的任務。

下一部將要探討如何克服孤立處境，這條路需要勇氣和力氣，成果則是打破孤立，建立與他人的情感連結。

與孤單為友，也要與人為友。

第二部

克服孤立

孤立不是我們自己一個人可以克服的問題。

第三章 克服孤立的方法

與人交談的勇氣

在波士頓安頓下來一年後，我評估了自己在這座城市的社交進展。可惜大多數時候，我還是一個人。除了幾個認識的人，我沒有結交其他新朋友。這種情況很容易讓人覺得挫敗，比過去更感到孤單，更渴望友情。

但至少我可以頒個安慰獎給自己，我很感謝自己的三項突破，讓我免於向孤立投降。有幾次我冒著被忽視、冷落或拒絕的風險，鼓起勇氣和別人交談。這樣的勇氣從何而來？

我認爲是發自內心眞誠地關心別人，才讓我有勇氣踏出第一步。接著是強烈的好奇心驅使，讓勇氣加倍才能走出孤立。簡言之，關心與好奇心讓我得以克服向外探索的躊躇與不安。

在波士頓度過孤單寂寞的第一年後，以下是我得來不易的啓示：

一、關心別人並且用行動表示支持，有時雖然冒險卻也值得。波士頓馬拉松爆炸案發生後，與同事佩特的交流經驗讓我體會到關懷和陪伴的力量，儘管我覺得自己不夠堅強和自信，自我價值也不足。佩特和我在工作上合不來，不過兩人之間的關係已經破冰。那天我看到她坐在辦公桌前一臉苦惱，我冒險向她伸出手。我問她發生了什麼事，我知道她可能會把我推開，或忽視我的關懷。但是她沒有，她接納了我的關心。這麼做很值得，也打破我的孤立和恐懼。

二、關懷別人給了我踏出舒適圈所需要的勇氣。突破與佩特的關係後，讓我有勇氣再度連繫已經從我生命中消失三年的好友貝琪。找回與她的友誼是一場光榮的戰役。（我應該向那隻大膽飛到窗臺上唱歌的山雀致意，是牠召喚出我的勇氣！）

三、對新社群的好奇心和興趣驅使我離開沙發，走出去。接下來我想分享，在

好奇心的引導下，我如何度過了神奇的一天。

十月的一個週六，陽光普照，空氣清新，我決定出門去參觀康科特（Concord）的老城和華爾騰湖。康科特是亨利・梭羅的故鄉，而梭羅對我的人生有很大影響。《湖濱散記》是我從十七歲起就奉爲圭臬的書籍，它讓我愛上了安靜、傍水而居的生活，以及獨自長途漫步。

在華爾騰湖這個聖地虔敬地走了一圈後，我已經飢腸轆轆，所以在康科特的主街上找了一家舒適的咖啡廳吃午餐。我點了一碗奶油南瓜湯，配上溫熱的玉米麵包。在我右手邊，有位年紀跟我差不多的女士正在看梭羅故居的小冊子，那是康科特最重要的觀光景點。

對方靜靜閱讀著，我想打招呼又不免遲疑。或許我不該打擾她。或許我看起來友善過了頭，或寂寞過了頭。慢慢喝著湯時，各種情境在我心裡上演。如果我說「哈囉」，她或許只會回一聲「嗨」，然後就繼續看她的導覽。或許我也可以告訴她，我很喜歡梭羅和華爾騰湖。或許她可能會熱情回應，給我更多反饋。

或許，我不要跟她打招呼了，管好我自己就好。

喝完湯，看著窗外，享受灑在一桌桌愉快用餐人們身上的陽光。

當我轉頭看向吧檯時，旁邊那位女士看了我一眼，羞赧一笑。

我心想，打聲招呼也無妨，於是就開口了。「嗨，這裡眞的很棒，對嗎？」

「我很喜歡這裡，」她說。「我在康科特當志工，星期六都會過來。」

「哪裡的志工？」我很有興趣。

「在梭羅的故居。我是那裡的解說員。」

「哇，好厲害。我十七歲就開始看他的書。我要找一天去他故居看看。」

「星期六來的話，我可以幫妳做導覽。」

「那太好了，謝謝妳。妳平常在其他地方工作嗎？」

「對，我是麻省總醫院的社工師。我住在阿靈頓，在波士頓和康科特中間，所以週末來這裡當志工，到華爾騰湖拍拍大自然的照片。在梭羅故居可以買到我拍的華爾騰湖明信片跟月曆。」

「我很想看看妳拍的照片，」我的語氣非常熱切。

聊起華爾騰湖，她眉飛色舞了起來。她如此自在地談論自己的愛好，我也受到鼓舞。而且她很喜歡聊天！她熱烈地分享她的興趣，包括攝影、當志工，以及對梭羅和他作品的喜愛。然後我突然想起，我還不知道她叫什麼名字。

「噢，眞的很抱歉，我還沒問妳的名字！」

她咯咯笑了起來。「我叫芭芭拉。芭芭拉・歐森。妳呢？」

「我叫芙爾・沃克。」

她的口音不像波士頓人。「妳的家鄉在哪裡？」

「密西根州。我搬來這裡二十六年了。康科特是我眞正的『快樂寶地』。我在這裡交了很多朋友，在梭羅故居當志工後，也碰到來自世界各地的人。」

「實在太棒了，當志工可以認識這麼多朋友。聽起來像是妳從密西根搬來這裡，妳對梭羅的熱愛把趣味相投的人也帶進了妳的生命。」

「對啊，眞的是這樣。」她打量了我一會兒，「聽起來，妳也是外地人。」

「沒錯，我家鄉在維吉尼亞州，後來搬到緬因州，一年前才定居波士頓。我住在沃本。」

我們聊得忘我，不到半個小時芭芭拉就邀請我去參觀梭羅故居，然後耶誕節到她家參加派對。我激動又驚喜，這是兩年來第一次有人邀我去參加眞正的派對！終於，我覺得正常了，有人接納我、喜歡我。對，要治療我的孤立，眞誠的邀請比什麼都更令人安慰。認識芭芭拉以後，我有了更多邀約，聚會也變多了。尤其是在一場活動上，我看到了一個充滿機會的新世界。

芭芭拉跟她的男友辦了一場春日派對，主題是故事馬拉松。他們把這場派對取名爲「飛蛾時刻派對」（Moth Hour Party），仿效美國公共廣播電臺的節目《飛蛾廣播時刻》（*The Moth Radio Hour*）。每位賓客要說一個五分鐘的故事，分享他們願意告訴別人的眞實生活事件，或許是有趣的個人經歷，或許令人傷心，或許是輕鬆愉快的經驗。

那是一個溫暖的五月天下午，在這場活動裡賓客們講述了十幾個令人感動的故事。這個說故事活動喚起大家的興趣和好奇心，這是一場眞正的交流，是我見過最能夠破冰和展開友誼的方式。聽著一個又一個故事，伴隨豐盛的食物和飲料，不分年齡，每個人都有五分鐘時間說出自己的遭遇、發現、啓示，以及學到的教訓。

我分享了一個好笑的故事，我六年級的時候喜歡上一個男生，我相信他有超強的念力足以理解我的心意（十二歲的時候，我迷上各種超自然的事物，不論是超感官知覺、占星學、心電感應及通靈板）。我認爲那個男生會用超能力「知道我的電話號碼」。

這個古怪的趣事開啓了埋藏在我心底已久的童心和幽默感。七年來頭一次，我眞的能夠在一場派對上玩得盡興！能夠跟一群人一起歡樂笑鬧眞的很棒，我都快忘了這種感覺。我已經很久沒有在社交活動中感到這麼放鬆了。

因爲十月的那個下午，我跟隨自己的好奇心在康科特的咖啡廳跟芭芭拉打了招呼，從而開啓了一段新的友誼，也讓我有機會交到其他朋友。

安全的空間

回想起那場說故事派對帶給我的溫暖和歸屬感，我有了另一個啓示：我需要一個可以向別人敞開自己的安全空間。芭芭拉是個熱情的女主人，打造出一個安全的空間，讓大家覺得安心自在。她讓眾人賓至如歸，即使是最害羞的人也能勇敢地分享自己的故事。身爲專業的社工師，這當然是她的強項，不過她確實辦了一場成功的派對。

當人們經歷很長一段時間的孤立之後，需要找到一個讓他覺得安心的人，或一個讓他安心的環境，才能夠卸下心防向外求助。如果我們正在孤立狀態中苦苦掙扎，例如生病、失業或與伴侶分手，要走出去或說出自己的問題或許沒那麼容易。但在某些令人安心的情境中，我們確實可以擺脫害怕被評斷的想法，建立起充實且有意義，甚至愉快的人際連結。

當了二十二年的復健諮商師與個案管理師，我經常驚嘆於人們如何透過眞實的情感連結，從社交焦慮中走出來，忘掉多年來的逃避及隱藏。的確，有一個讓你感到安心的人可以吐露內心深處的寂寞，是突破孤立的唯一方法。我常陪案主去參加第一次的社交聚會、第一次的支持團體，或到新的工作場所。他們需要有人陪伴參與，「提供情感上的支持」，讓他們可以勇敢「踏出去」，建立社交網路。他們當然會恐懼心慌，有時候需要我陪同好幾次才有辦法做好準備獨自前往，靠自己行動。

然而，我也需要有個讓我感到安心的人陪伴我，或者起碼有個我可以去參加的安全團體——溫暖、親切、接納。我當然不能只依靠芭芭拉提供所有的支持。我必須爲自己找到一個的安全空間，一個情感支持的基礎。

我檢視自己爲什麼來到波士頓的第一年，沒有想到要去找心理治療師或支持團體。如果我早點採取行動（在我碰到芭芭拉之前），或許就不會這麼孤單。爲什麼我不踏出去呢？我擔任二十二年的諮商師，爲什麼沒想到要更努力一點，去尋找我非常需要的安全支援？

我想到了幾個答案（或許也是藉口）：

- 心理師或支持團體可能無法讓我覺得安心。
- 要找到適合的心理師或支持團體太麻煩了。
- 我怕自己付不起治療的費用，也不想排了療程後不滿意卻得繼續付費。

- 我不想爲了去參加支持團體或找心理師而被塞在波士頓的車陣中。
- 我的工作排得很滿且常常有突發狀況，沒有多餘的時間。
- 慢性結腸炎讓我累得要命也痛得要命。

基於這些理由，我不想去找心理治療師或參加支持團體。沒錯，所以我選擇用老派的方法交朋友，只找看似和善的人聊聊天。但這樣不夠。

幸運的是，在芭芭拉的一場派對中，我碰到一個人，她因爲慢性病而參加了支持團體。認識她也推了我一把，讓我加入了結腸炎的支持團體。沒想到我居然要感謝我的慢性病，讓我找到一個很棒的支持團體，成員都有發炎性腸道症（IBD）的問題與困擾。

發炎性腸道症的病友都知道，要常常跑廁所非常尷尬，而且會讓人焦慮不安。在發作最嚴重的時候，要對抗難以預測的、痛苦的又丟臉的問題，讓很多人因此變得孤立。至少可以說，腸道的問題妨礙了我們對愛的渴望，跟朋友和家人的親密聚會當然也會受到影響。我跟支持團體分享一點小小的勝利：儘管我會「偷偷溜走」躲到廁所裡至少十五分鐘，我還是嘗試了社交聚會，而他們都爲我喝采。團體裡有多位成員也有同樣的苦惱，結腸炎與社交焦慮聯手，讓我們的問題更加惡化。幸運的是，我們有這個團體，每個人「都懂」彼此的痛苦。有人聽見我們的聲音、了解我們、支持我們，我們才能從疾病帶來的孤立中復原。

在組織良好的支持團體中，參與者要對抗造成孤立的汙名、狀態和羞愧感。在安全的空間裡分享彼此的故事時，不僅要說出造成自己孤立的原因，也讓我們互相學習並探索解決之道。

參與支持團體是認識新朋友的好方法，也讓我們重拾社交信心，與人面對面接觸。但有些人或許希望更私密一些，只跟一個信任的人交心。如果我們很幸運，原本就有認識的人可以提供安慰和同情，或許就更容易從孤立中走出來。然而，如果原本的支援系統裡沒有這樣的人，或許可以找心理治療師、牧師、教練或導師。有個人可以跟我們聊聊孤立和孤單的問題，會帶來很大的幫助。

孤立不是我們自己一個人可以克服的問題。僅僅靠電腦、手機和網路並無法眞正打破孤立，不過它們確實可以幫助我們找到需要的人跟資源。我們鍾愛的寵物能夠帶來撫慰效果，但儘管牠們對療癒心情來說非常重要，卻不足以幫我們走出孤立。我們需要與人面對面接觸，或至少跟一個願意聆聽的人說說話。

但問題來了：要是沒有一個讓我們感到安心的人可以對話呢？要打電話給誰？要怎麼辦呢？要從哪裡開始？

打諮詢專線、求助熱線或危機熱線是不錯的方法。聽到充滿關懷的聲音眞的非常重要。大多數諮詢專線會連到預防自殺和情感支持的熱線，但我們不需要走到想自殺或陷入危機的時候「才有資格」求助於一位友善、關心別人且經過訓練的聆聽者。當你覺得孤單或缺乏社會支持時，就有理由撥打這通電話。

美國每個州都有支持熱線，打電話給所在地的聯合之路慈善機構（the United Way）就可以接通，通常撥 2-1-1 或三個號碼就可以了（或上網 www.211.orgor，找到所在地的聯合之路）。在波士頓，撥打 2-1-1 諮詢專線會轉接到他們的「說話」熱線。孤單或孤立的人可以打電話找人說說話。

即使沒有人可以求助，也可以打電話給諮詢專線或心理衛生支持熱線，或直接打電話給諮商中心要求轉介。也可以上教堂或各種宗教組織，詢問有沒有諮商服務。不知道怎麼找到可以談話的人或團體也沒有關係，大多數諮商服務、牧師、學校或醫學中心都會幫忙轉介，或有可以幫助我們的社工師。（第四章會詳細介紹怎麼尋找和使用諮詢專線、熱線電話、諮商服務和其他的社群支援。）

說到底，要療癒自己的孤單寂寞就不能「想太多」，找一個願意聆聽、不會評斷的人，說出你的感受。即使有心愛的寵物給我們撫慰，但身爲人類，在某些時刻仍需要與眞正的人相處。我們的生理構造如此，而且不論如何，我們的能力總是有所極限，別無選擇只能找人幫忙——說出問題、面對面、攜手合作。

健康人際關係的指標

儘管我們都知道有個人可以說說話或有個親密好友很重要，但要全心相信某個人還是令人猶豫。我們不確定誰可以令人放心、值得信賴或值得我們付出。更糟的是，我們或許才剛失去一個願意支持我們的人，安全感、歸屬感和愛都受了傷。

當過復健諮商師，也經歷過長期的孤立，我想分享我在尋找「對的支持者」的過程中學到的事。尋找安全的環境、朋友、治療師或支持團體時，懂得分辨這些健康關係的指標會很有幫助。

首先，如果你覺得自己很容易受傷，最好找具備至少下列兩項特質的人（或支持團體）：

同理心：即使沒有完全一樣的經驗，也能感受到我們的感受的人。

關懷：帶著微笑歡迎我們、接待我們的人。（有時候一個擁抱就像一場及時雨，握手也能讓人感到踏實。）

憐憫：願意理解、不會評斷我們的人。

耐心：不會急著要我們「講重點」或「想通」的人。

願意聆聽：我們需要被聽見。聆聽者願意看著我們，不會分心或打斷談話。

尊重：我們需要覺得有價值，受到尊敬和支持。

可靠：會信守承諾或諾言的人（至少願意盡力這麼做）。

在思索一個能夠帶來安慰的人或團體對我們有什麼意義的時候，可以想想馬婭・安傑盧（Maya Angelou）的話，她是一位睿智且出色的作者，她說過：「別人會忘記你說了什麼或做了什麼，但他們永遠不會忘記你給他們的感覺。」

她說的對。我們如何給彼此好的**感覺**？

你可以回想曾經感受到安慰的時刻，即使只是短暫的相遇。這個具有撫慰效果的互動給你什麼感覺？感受到安慰時，我們常有下列反應：

「我覺得自己的感受被聽到了。」

「我不是唯一碰到這種問題的人，我並不孤單。」

「我覺得有希望了，可以繼續走下去。」

「我覺得被愛，被關心。」

「終於有人在乎我了。」

「我覺得更鎮定，更能面對我的處境。」

「我得到力量，變得更堅強。我可以相信自己。」

「我學到一些教訓。我突破了困境，得到領悟。」

「我總算覺得恢復正常了。」

在擔任復健諮商師的時候，我常常採用麻州衛斯理學院（Wellesley College）的琴貝克米勒研究所（Jean Baker Miller Institute）所列舉的健康關係指標。基本上，這份清單很方便，列出「五項好指標」。該研究所指出，這五個良好關係的指標也是「促進成長的關係」的特色。用這「五項好指標」評估最適合我們的人際關係：

——熱情

——價值

——知識

——主動性

——拓展更多關係

對我以及我的案主們來說，這些指標的意義如下：

熱情：我們從互動中得到能量。我們變得「開朗起來」或「變得活潑」。

例子：你感受到火花。活動的主人親切地歡迎你，熱情地把你介紹給朋友，你覺得很興奮。

價值：我們覺得自己受到重視與欣賞。

例子：在會議上，每個人都有同樣的說話時間，你覺得別人願意聽你說，看重你，沒有人會打斷你的話，或一直說個不停。

知識：我們可以公開交換資訊、資源或知識。

例子：在聚會時，你說想找阿茲海默症支持團體，你詢問朋友的建議，他們樂於提供資源跟點子。另一方面，他們也想聽聽你的建議。

主動性：我們想採取行動繼續下一步。我們有了動機。

例子：在酒吧一起看比賽的其他體育愛好者邀請你下個星期六去餐廳看樂團表演。你已經答應了。

拓展更多關係：我們希望能再見到那個人或那個團體。

例子：上個星期你在問答遊戲時玩得很開心，你打算每週二都去參加聚會。

與個人或團體的相遇或許無法符合全部的指標，但只要有兩個就很振奮人心了，有可能發展出更長久的關係。換句話說：是個**機會**。當然，反過來說，跟這些指標相反的話，就顯示這段關係不是那麼健康有益。或許這些都是警訊：

缺乏熱情：參加聚會後覺得精疲力竭，腦細胞彷彿死光光了。

例子：在派對上人們幾乎都沒有和你正眼相交，你覺得自己像是隱形了，感到很失落。

缺乏價值：我們覺得不受看重或欣賞。

例子：你去擔任志工，主事者稱讚別人的努力，卻完全沒有提到你的貢獻。

缺乏知識：覺得資訊混淆不清或者不完整。我們需要更多的資訊。感覺像是被排除在外，「最後一個才知道」。

例子：看診的時候，你有許多問題，但醫生急著看下個病人，只能草草回答。

缺乏主動性：我們感受不到希望、啓發或動機。

例子：你很努力做了一個漂亮的蛋糕，放在公司的休息室裡，但幾乎沒有人來享用。你覺得很喪氣，不想再帶食物來分享了（還生同事的悶氣）。

不期待再見面：沒有興趣再次碰面。

例子：你參加了幾個讀書會，但對於要讀的書沒什麼熱情。你就是不喜歡，也不想參加下一次聚會。

在建立新關係的時候，每個人都有自己的安全清單。每個人都有自己的警訊、探測器、身體信號，直覺、「蜘蛛人」般的感應和雷達。

然而，使用指標清單也要避免太快下結論。也就是說，誰「好」誰「不好」需要判斷的智慧。大多數人往往認爲所謂「支持我的人」或「自己人」，就是跟我們想法相同的人。

不過出乎意料的是，有些我最忠誠的朋友和同事，他們的信念或價值跟我並不一致（不同的政治或宗教立場），可是他們是我認識最體貼的人。我有幾個不會聊得太深的朋友，我也不敢跟他們分享我的政治傾向，但碰到棘手的問題時，我同樣仰賴過他們的慷慨相助。他們協助我搬出我的小公寓，把一大堆箱子費力地拖上三層樓又扛下去。我想起馬婭・安傑盧說的，「重點在於別人給我們什麼**感覺**，而不是我們同不同意他們的想法。」我選擇信賴朋友，甚至陌生人的善意。我通常能觀察到他們眞的關心別人、爲他人著想，因爲我確實感受到了這樣的關懷。

話說回來，所謂「讀心」只是一種把戲。一個人會做什麼事永遠說不準。好人有可能會做討人厭的事（很有禮貌的同事在你講話的時候翻白眼），脾氣不好的人（不親切又愛挑剔）卻是忠心支持你的朋友。雖然上述判斷指標很有幫助，但是有時候在生命中的緊要關頭，某些人出現了，和你沒有共同的興趣、價值或品味，卻能眞心支持你！

找回對話的自信

經過長期的孤立，例如癌症治療後的復原期或親人逝世的喪慟期，再度與人閒話家常或參加社交活動或許會讓我們覺得不自在。孤立的經驗會妨礙我們的社交生活，即便只是講講話我們也會感到尷尬不安。基本上，那是因爲我們缺少說話的**練習**。就像沒有鍛鍊肌肉，不保持最佳狀態，身材就會走樣，肌耐力也會變差。對話技巧也是同樣的狀況，失去與人交流的意願、信心跟能力，社交技能也會「生鏽」。聊天感覺很奇怪、很陌生，甚至有些可怕。隨便聊聊也會變得很費力，而且很乏味。

我們需要一個安全的地方練習對話技巧，才有辦法進入社群參加社交活動。

找到一個安全的所在、心理治療師或支持團體有很多好處，其一就是可以練習對話技巧，不用擔心別人的眼光或社會的期望。當我們想不到該怎麼說時，或笨拙地說出自己的想法時，不會有人催促我們。結結巴巴、反反覆覆、腦袋一片空白或語焉不詳都沒關係，不會有人批評我們。一個星期又過了一個星期、一個月又過了一個月，我們慢慢找回自信，能夠談話，也能夠聆聽，看得出社交的線索，知道該說什麼或不該說什麼。我們必須找回對話的自信，才能面對眞實世界的社交情境。簡言之，有個安全的地方可以練習說話，有助於我們準備好「走出去」。

在波士頓地區，我注意到社交焦慮症患者的聚會和其他支持團體愈來愈多。我們可以站出來，承認自己的問題，參與這些會接納和鼓勵我們的團體。有社交焦慮的人可以到舒適的餐廳參加聚會，年輕的大學生和六十多歲的長者一起吃披薩，聊聊「聊天」有多難。

社交焦慮團體的增加趨勢正好符合珍・特溫格博士和雪莉・特克等社會科學家的說法：我們愈來愈焦慮自己無法與人溝通，無法離開網路進行眞實的社交。也難怪美國各地有愈來愈多社交焦慮的支持團體。社會孤立者對別人的批評最爲敏感（也就是社會科學家口中的社會評價威脅）。社會焦慮者的聚會和支持團體變多或許是個好徵兆，表示就連最孤立的人都「走出來」，尋找陪伴與支持。

多年來，我服務的對象有自閉症患者或其他發展及智能障礙者，我注意到有很多社交技巧的訓練目的在解決社交焦慮。青少年和年輕人可以參加社交技能訓練團體、接受指導、參加社群活動，以建立社交自信。我現在帶領的工作坊以戲劇遊戲和團隊練習的方式，幫助有智能障礙的參與者透過活動練習溝通技巧、解決問題的能力和自我倡導（self-advocacy）。

近年來，我觀察到幫助人們突破社會孤立的新趨勢。眾人對參與支持團體的接受度愈來愈高，而這些團體的目的都是爲了解決孤立我們的問題，包括慢性疾病、癮症、社交焦慮、失業。我也看過其他不同的聚會和團體，對象有創傷倖存者、受虐倖存者、性侵害倖存者，也有失業的支持團體、悲傷的支持團體等等。雖然很激勵人心，卻也有其諷刺之處，因爲這表示很多人爲了對抗孤立我們的事物必須建立起支持的社群。但最低限度而言，這些團體可以幫我們找到出口，突破讓我們無語、無力和孤立的冰層。

我罹患慢性結腸炎，因此加入了同樣患有發炎性腸道症的社群。我有機會訴說自己的故事，也聽到很多故事。能說出自己的故事就是一種力量，讓我們得以打破孤立。我很高興有這麼多線上和實體的聚會及團體，邀請我們分享自己的經歷，建立歸屬感。

自我倡導：不光是求助而已

自我倡導是走出孤立、尋求支持的重要技巧。**倡導**是建立支援的一種藝術，讓別人知道他們除了能夠協助我們的基本需求，還可以讓我們的生命變得不一樣。最終，當我們有機會把自己的故事說出來，並且讓故事被聽見時，我們就成爲自己的擁護者。我們讓別人看到我們是如何面對挑戰，以及如何克服問題。這些故事總是關於挑戰、採取行動和得到結果（有好有壞）。聽我們講故事的人會了解我們正在對抗的問題，以及我們怎麼想辦法度過難關。聽故事的人透過故事會更了解我們的需求，**找到**可行且具體的方法提供協助。就某種意義來說，成爲自己的擁護者，就是把問題說出來，讓別人知道他們能幫上什麼忙。

需要別人的支持時，懂得如何自我倡導會很有幫助。你必須學會簡短地訴說自己的故事，描述你的情況，包括問題和因應之道、什麼樣的方法會有幫助，然後要求聆聽者以某種方法提供協助。簡言之，倡導就是爲自己說話，好好描述自己的處境，請求對方的幫助，或跟我們一起完成任務。不光是找人幫忙，而是**邀請**其他人跟我們一起找到解決方法或完成目標。

舉例來說，如果你最近剛搬到新的城市，你需要別人幫忙介紹更多新朋友，你可以向那些同樣來自外地但已經安頓好的人發出求救訊號，因爲他們更能夠理解你的問題和挑戰，也能夠提供你資源和協助。跟其他新來的人一起聚會，到社區中心、學校或宗教場所看看有沒有爲新居民制定的計畫，會讓我們接觸到更多願意聽取我們需求的人。這些人會懂得你的感受，知道你在新的環境裡覺得很陌生，需要鼓起勇氣才能結交新朋友。（我有一些朋友即使已經不是所在地的新居民，仍會去參加這類聚會，就是爲了多認識朋友，因爲會參加聚會的人也很想交朋友，擴展支援網路。）

還有一個建議：在人際往來時，不論是工作還是社交，不論你有沒有工作，最好有張名片。不需要是正式的商務名片，只要簡單寫下你的名字和聯絡方式，加上好看的照片或設計，都有助於結交新朋友。

自我倡導常常會被誤解爲自以爲是。成爲自己的擁護者不是爲了爭取什麼，或尋找雙贏的策略，而是告訴別人我們的目標，一起探索看看他們能怎麼參與，協助你達到目標。也就是說，自我倡導是積極地建立起支援網路，重點不是我們的需要，而是向別人展示我們有照顧自己的能力。自我倡導就是建立人際連結，打造社群網路。

人們通常會願意伸出援手，但他們不想「陷入」不確定且無法預料的問題與情境（「我怎麼會惹上這些麻煩？」）。然而，一旦他們知道該怎麼幫忙（比方說，你剛動完手術的那兩個星期，他們可以幫忙拿藥），就更容易參與。只要別人知道我們有辦法照顧好自己，就不會被嚇跑，擔心掉入需索的「無底洞」。即使你孤單且孤立了很久，你仍然要讓其他人清楚知道，你能夠掌控自己的人生，你不需要被拯救。

此外，自我倡導有一個好處，就是我們可以跟願意幫忙的人一起創造社群。我們可以「回饋」，回報跟我們一起聚會的人，例如邀請他們來吃飯或參加派對。心懷感恩很重要。感恩是社群的基礎，尤其要感謝幫助過我們的人。喜歡幫助別人的人往往是因爲他們想要讓別人更好過一點。當我們彼此認識後，就可以互相提供需要的協助。助人之樂的感染力很強，這種互惠交流加上感激之情（跟愛）就是擴大社群的根基。主動幫助他人，建立支持網路，就能打造出穩固的人際關係，尋得情感的依靠。

第四章

向社群尋求支持

群體的力量：支持我們的網路

在想辦法克服孤立的處境之前，請先好好檢視你周遭有哪些支持網路。三十年前，社會科學家詹姆士・豪斯（James House）、湯瑪士・威爾斯（Thomas Wills）等人區分了四種不同的支持網路（不分先後順序），有助我們理解現況與妥善利用社會支持：

- **情感支持**：我們可以向這些人吐露心事，分享內心的想法和感覺。
- **實質性支持（工具性支持）**：提供實際的協助，像是跑腿、照顧、到醫院接我們回家。

- **親和支持（陪伴支持）：**在較大的社群中碰到的人；我們隸屬的團體，像是聚會、志工活動、課程、旅行團、同事、支持團體、政治活動、專業協會、俱樂部等等。隸屬於某個團體也能增加我們的歸屬感。
- **知識支持（資訊支持）：**提供建議、資訊、技能、智慧、資源、想法的人。協助我們評估行動（面對現實）、做決定、規畫策略。（有些社會科學家認爲應該有第五種支持，叫做「自尊支持」，幫助我們評估自己、得到回饋，但我認爲把這種支持納入資源支持比較簡單。）

下一頁呈現出這四種社會支持網路彼此重疊，提供我們建立人際連結的機會。

我喜歡把這四種社會支持網路比喻成滋養歸屬感的「四大類食物」。在理想的情況下，這四種營養素都對我們有益。我們可以藉此培養出各式各樣的友誼和關係，避免把「所有」的需求都擺在某個人或某個團體上。舉例來說，回顧在緬因州的那些年，我非常仰賴好友貝琪，不難明白我手術後她卻不見人影會讓我感到多麼孤立無援。如果我多花點時間發展更多人際關係，而不只是依賴一、兩個朋友的情感支持，或許我就不會那麼難受。基本上，這就是不要「把雞蛋放在同一個籃子

我們的社會支持網路

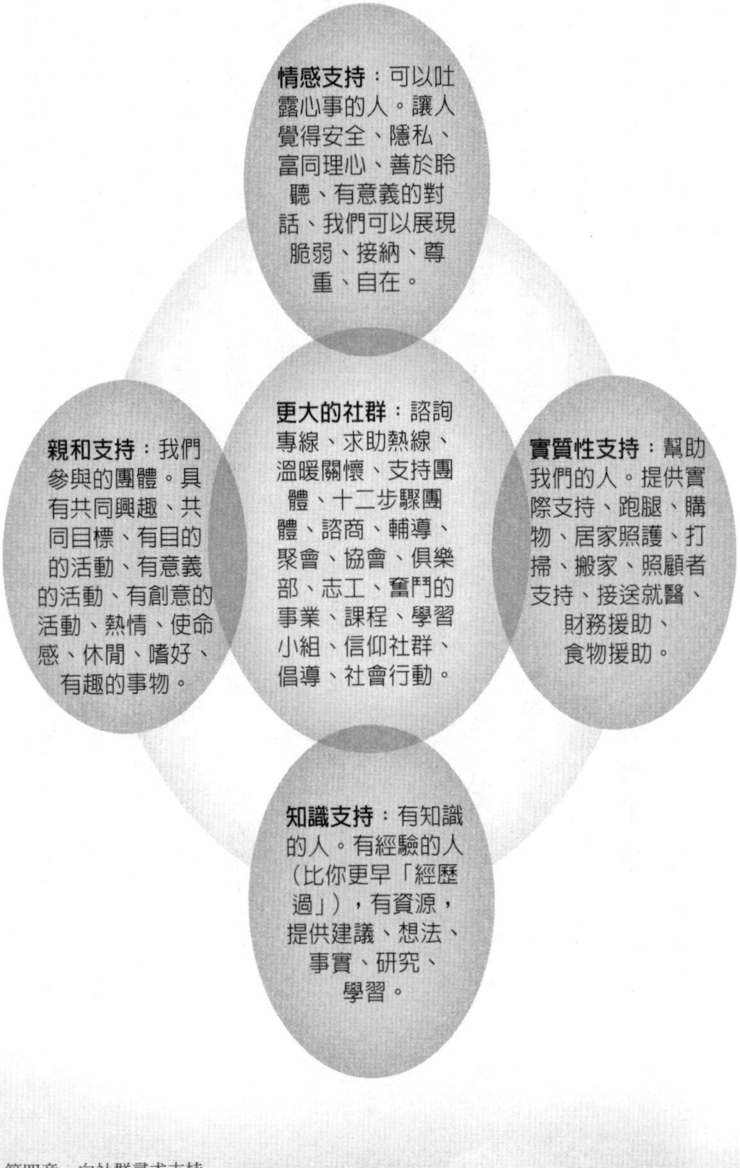

情感支持：可以吐露心事的人。讓人覺得安全、隱私、富同理心、善於聆聽、有意義的對話、我們可以展現脆弱、接納、尊重、自在。

親和支持：我們參與的團體。具有共同興趣、共同目標、有目的的活動、有意義的活動、有創意的活動、熱情、使命感、休閒、嗜好、有趣的事物。

更大的社群：諮詢專線、求助熱線、溫暖關懷、支持團體、十二步驟團體、諮商、輔導、聚會、協會、俱樂部、志工、奮鬥的事業、課程、學習小組、信仰社群、倡導、社會行動。

實質性支持：幫助我們的人。提供實際支持、跑腿、購物、居家照護、打掃、搬家、照顧者支持、接送就醫、財務援助、食物援助。

知識支持：有知識的人。有經驗的人（比你更早「經歷過」），有資源，提供建議、想法、事實、研究、學習。

裡」的道理，最好能維繫更多關係。簡言之，社會支持需要群體的力量。

美國芝加哥西北大學費恩伯格醫學院的研究員張伊蓮（Elaine Cheung）表示，「非要等到遇上情感危機時，大家才會開始思索社會網路的力量。」她建議我們在建立自己的支持體系時，要納入不同角色的人。有一天我們或許會陷入危機，而最好的朋友或配偶可能不在身邊，必須仰賴鄰居或認識的人來解救。一般關係和親密關係都值得培養。更好的是，一般的友誼往往可以隨著時間深化，例如同學、聚會的夥伴，或一起當志工的人（但往往需要花很長的時間）。

即使並未面臨什麼危機，來自不同網路、多采多姿的友誼對我們的心理健康也是有益的，同時不會過度消耗我們最好的朋友或情人。

舉例來說，我可能有個一起上酒吧聊天的朋友（親和支持）、一個適合長談交心的人（情感支持）、一個幫忙照顧小孩的鄰居（實質性支持）。我也可以尋求職涯諮商師（知識支持）或瑜伽老師的協助，或者向幾位同事尋求建議。

崔西．陸博（Traci Ruble）創立了受到高度讚譽的「人行道上的談話：社群聆聽計畫」（Sidewalk Talk: A Community Listening Project），她也在舊金山擔任關係治療師。崔西建議人們拓展支持系統，連繫多年未見的親友。「你上次打電話給你表姊是什麼時候？」她問。

她說的對。八年前，我還住在緬因州時，一位很久沒聯絡的表姊熱情地前來找我。我擔任導遊，帶她跟她的伴侶走訪緬因州最棒的小酒館，大啖龍蝦堡，他們玩得很開心。我前夫的妹妹也來參加這趟緬因州龍蝦堡之旅，我很享受與她的重聚。

主動連繫很久不見的人，大膽探索更大的社群，誰知道會發生什麼事呢？多一點用心，你會驚訝地發現自己重新認識了多少人。找找大學同學，或參加高中同學會。上臉書搜尋，看看可以找到誰，說不定能找到小學一年級的同學！

二、三十年前，大多數人相信有家人的陪伴就夠了，我們仰賴親人、伴侶和好友提供社會支持。如果沒有家人，或少了伴侶的支持，我們會覺得羞愧，覺得自己有問題，像是個邊緣人。然而，現在的社會流動性變高了，不論是二十歲還是七十歲的人都會面臨搬家的問題，都必須在新的城市裡重新建立支持體系。現在大家都承認，我們更需要社群的支持，因爲家人能夠提供的協助有限。

看看下面的社會支持網路圖，設想在每個團體中如何建立關係。我們可以在每個網路中提供支持，而不只是要求別人支持我們，從而發展出新的關係。重點是要參與，創造互惠的相處方式。

啓動支持網路，建立社群

提供支持、向別人伸出手、給予協助。建立社群是彼此互助互利。

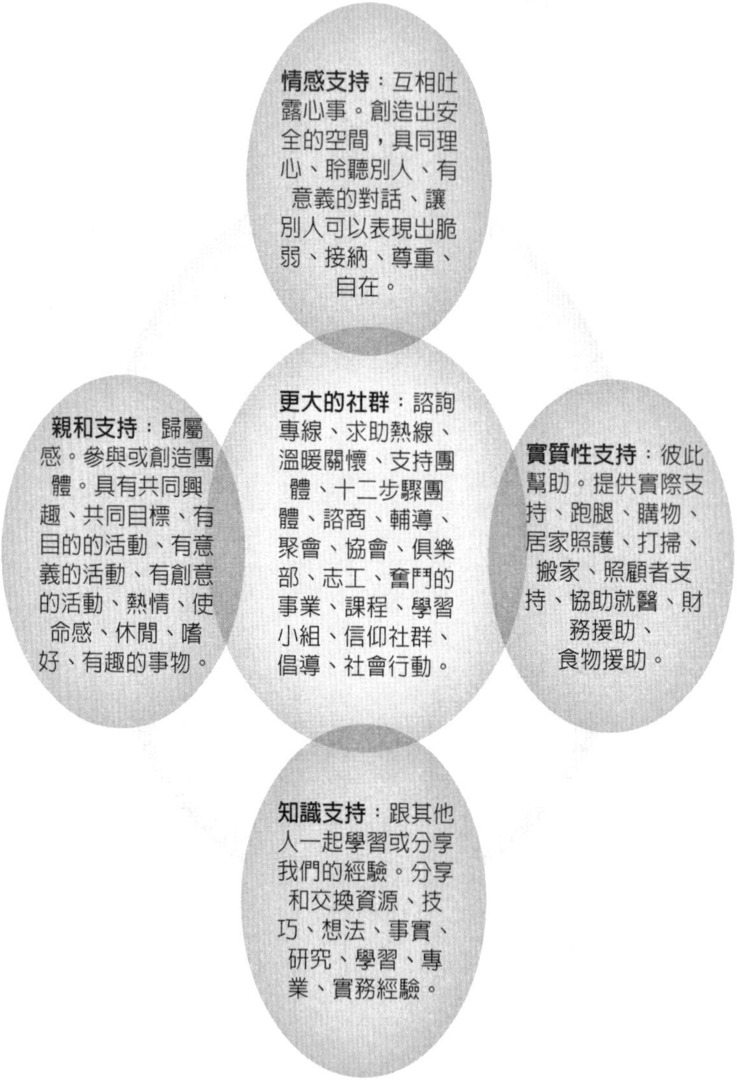

情感支持：互相吐露心事。創造出安全的空間，具同理心、聆聽別人、有意義的對話、讓別人可以表現出脆弱、接納、尊重、自在。

親和支持：歸屬感。參與或創造團體。具有共同興趣、共同目標、有目的的活動、有意義的活動、有創意的活動、熱情、使命感、休閒、嗜好、有趣的事物。

更大的社群：諮詢專線、求助熱線、溫暖關懷、支持團體、十二步驟團體、諮商、輔導、聚會、協會、俱樂部、志工、奮鬥的事業、課程、學習小組、信仰社群、倡導、社會行動。

實質性支持：彼此幫助。提供實際支持、跑腿、購物、居家照護、打掃、搬家、照顧者支持、協助就醫、財務援助、食物援助。

知識支持：跟其他人一起學習或分享我們的經驗。分享和交換資源、技巧、想法、事實、研究、學習、專業、實務經驗。

社會支持網路的行動（我的範例）

給予支持，接受支持。

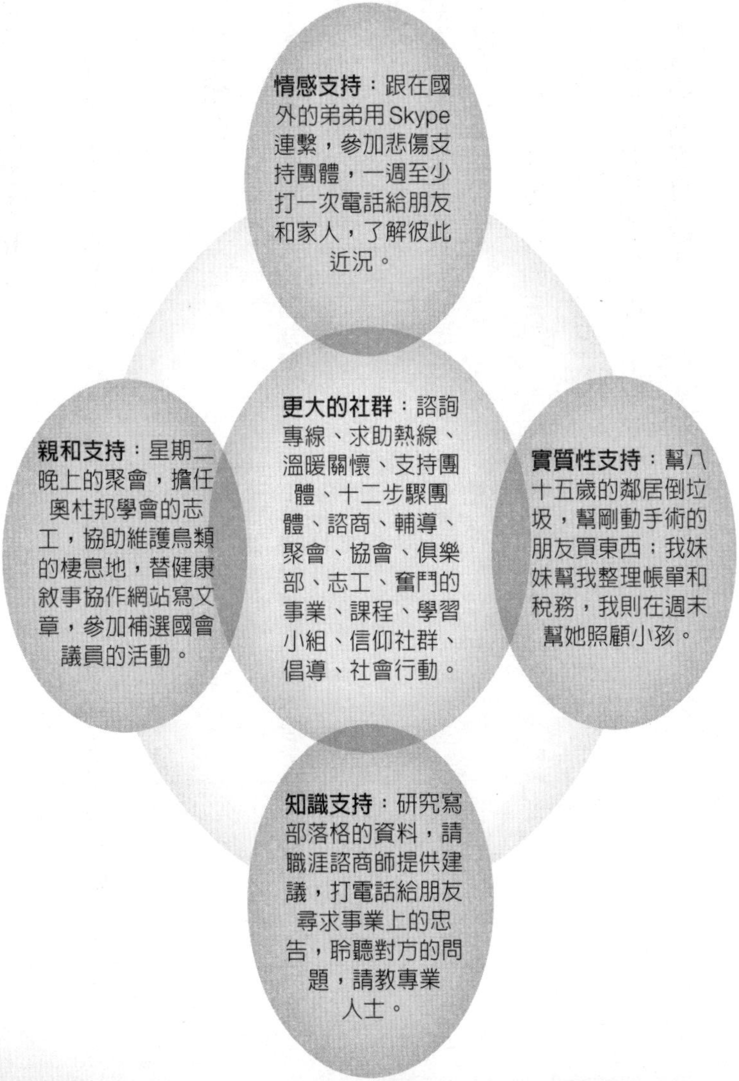

情感支持：跟在國外的弟弟用Skype連繫，參加悲傷支持團體，一週至少打一次電話給朋友和家人，了解彼此近況。

親和支持：星期二晚上的聚會，擔任奧杜邦學會的志工，協助維護鳥類的棲息地，替健康敘事協作網站寫文章，參加補選國會議員的活動。

更大的社群：諮詢專線、求助熱線、溫暖關懷、支持團體、十二步驟團體、諮商、輔導、聚會、協會、俱樂部、志工、奮鬥的事業、課程、學習小組、信仰社群、倡導、社會行動。

實質性支持：幫八十五歲的鄰居倒垃圾，幫剛動手術的朋友買東西；我妹妹幫我整理帳單和稅務，我則在週末幫她照顧小孩。

知識支持：研究寫部落格的資料，請職涯諮商師提供建議，打電話給朋友尋求事業上的忠告，聆聽對方的問題，請教專業人士。

活化社會支持網路的方法

首先，傳達出清楚、簡單的訊息，讓別人知道我們在尋找什麼，並邀請他人分享建議、資源、時間或實質的協助。

情感支持網路

向看來自在且願意的人伸出友誼之手。這件事需要勇氣，但千萬別放棄。一旦開始了第一個連結，就會有下一個。

- 朋友和家人。
- 許久不見的朋友。
- 在遠方的朋友。
- 家族成員（久未連繫的表親）。
- 心理治療師、社工師、神職人員、牧師、導師、教練。
- 諮詢專線、溫暖關懷熱線或求助熱線。
- 問題導向的支持團體。

實質性支持網路（工具性支持）

爲我們的實際需求找到眞實的協助：

- 詢問朋友、同事、人資、家人、同學、鄰居、其他認識的人。
- 打電話給諮詢專線或其他轉介熱線，了解所在地能提供的服務和資源，包括老人照顧、托育服務、食物銀行、居家照護等等。
- 把你的問題貼在社群媒體上，提出你需要的協助。爲自己發聲。
- 到附近的教堂或宗教場所，詢問有沒有社區協助專案。
- 打電話給社工師、志工協調員，或學校、大學、醫學中心、政府中心或社區中心的社會服務，請他們轉介協助方案。
- 到公共圖書館詢問館員提供相關資料，想想可以連繫的單位（這些專業人員通常有很多資源，對附近也很熟）。

知識支持（資訊支持）

幾個獲取知識和智慧的方法，以及分享個人知識的管道：

- 網路和社群媒體。基本上網路上什麼資料都找得到（但願是符合事實及來源正確的資訊）。

- 向專業人員、顧問、醫師、律師、老師、治療師等人求助。
- 朋友、家人和同事或許有過類似經歷，也願意分享智慧。
- 課程、學習小組、研究。
- 旅行、探索、發現。
- 避靜。
- 新聞媒體、雜誌、部落格。
- 書籍！

親和支持：參與（或成立）團體

- 志工。
- 聚會團體（Meetup.com）。
- 上課，尤其是定期的課程，烹飪課就很適合社交！
- 旅行和旅遊團體。
- 在獨立書店、聚會或附近圖書館舉辦的讀書會（免費的）。
- 愛狗人士、愛貓人士、愛馬人士、愛鳥人士等等的團體。

- 擔任導師、教練或授課，選擇你熱愛的科目。
- 競選活動、擁護支持的人、拉票、推展某個目標、募款。
- 專業協會活動、會議、參與組織的委員會。
- 俱樂部的會員資格（運動、打獵、園藝、音樂）。
- 博物館的會員資格（科學博物館、藝術博物館、歷史社團）。
- 協助節慶、音樂會、街坊聚會、遊行、慶典的舉辦。

關於親和支持的特別說明：我們常可以看見因爲參與活動而認識的人變成好朋友，除了提供情感支持，也提供實質和資訊的支持。擔任志工或參與活動的人更容易發展出友誼，但是得花時間，通常至少要一年。

記得找工作的經驗嗎？要先找到適合的職缺、面試、上班。建立社會支持網路同樣要規畫、策略和專注，一點也不簡單，但至少比找工作更有趣。用心建立與社群的情感連結是一種令人愉快且收穫良多的經驗與冒險。

認識跟建立關係不一樣；信任感需要花時間培養。急著認識新朋友的時候，別忘了，別人或許也正在克服孤立，也想要確認我們不會太耗費他們的時間精力。成爲團體一份子的好處在於，團體提供建立新關係所需的結構和時間。簡言之，和別人的連結感會帶來歸屬感，有助於維護和穩固彼此的關係。

建立友誼和社群

如果你已經準備好要建立新的人際關係和社群，我想提供幾個你可以問問自己的問題：

一、什麼事會讓你願意從沙發上起身，走出家門，參與社群？（我指的並不是你「必須」要做的事，例如上班或吃東西。）什麼能勾起你的好奇心，讓你放下手機，抬頭探索？

二、什麼能把你從自己的殼裡拉出來，與其他人面對面接觸？（即使是最內向的波士頓人，碰到紅襪隊比賽時，也會放下手機和你聊上幾句。）

三、閒暇時你喜歡做些什麼需要別人參與的活動？（像是吃吃喝喝！一起吃飯是一件社會化程度很高的事情。）

四、從事人際互動時，每個人都有不同的驅力和動機。有時候是因爲什麼目的或任務而必須跟別人見面，有時候只爲了樂趣和放鬆。你可以有各種不同興趣的朋友和團體。有些朋友適合深度對話，有些則適合一起去看場電影或吃個飯。

五、你想爲其他人服務嗎？你希望基於什麼目標改變世界嗎？你想多學習，探索新想法或新地方嗎？你想跟別人一起創造新計畫，或攜手開創刺激的新事業嗎？每個人的內心都有自己熱愛的事物，或至少是覺得愉快的喜好。

六、以下列出一些會讓人覺得「想出門」、參與團體的方法，供讀者參考。還有些受歡迎的網站可以認識新朋友：

- 提供服務：當志工、社群服務、擔任解說員。
- 與他人一起學習：課程、學習小組、探索、旅行。
- 與他人一起創造：以具有創意的方式追求目標、藝術、創新、發明。
- 與他人一起發展事業：成立基金會或發展副業。
- 與他人一起倡導：社會改變、社群行動、公共服務。
- 參與運動或健身活動：團隊、粉絲俱樂部、高爾夫球、游泳、網球、排球、健身團體、瑜伽。
- 信仰活動：信仰團體、教會職務、屬靈團體、冥想和正念團體、討論團體。
- 愛護動物和自然的活動：遛狗、賞鳥、爬山、划獨木舟、野外避靜。
- 爲樂趣而交誼：聚會、聯誼會、節慶、遊戲、晚宴、午宴。
- 聚會網站（Meetup.com）提供數百個機會可以在眞實世界中建立社群。但要記得，這些都是同好經營的團體，可能要試好幾個不同的聚會，才能找到適合自己的（聚會的主人／組織的人是關鍵）。你要願意冒險，並保有好奇心，才能走出去，勇敢探索愈來愈廣大的聚會世界。

參與團體可以讓我們有更多交朋友、尋找伴侶的機會，也可以建立自我認同感和歸屬感。爲了幫你建立友誼和團體，本書第四部將會提供一個工具箱。

如果你沒有人可以訴說

走出孤立踏入社群時，如果能夠至少有一個讓你感到安心的人，眞心關懷著你，提供你情感的支持，你會更勇敢且更有自信。進入未知領域的第一步，誰不需要鼓勵、關懷和肯定？建立情感連結的社群或許會讓人感到緊張不安，因此能夠有個支持我們信念的人或團體很重要。（我承認，每當我努力「走出去」時，如果感到不愉快或碰到不好的經驗，我就會回頭尋找避風港。被冷落、被忽視，或受到無理對待時，眞的很不好受。）

但如果你正陷入孤立無援的狀態，或許身邊沒有一個可靠的人可以傾訴。或者你會變得孤立，正是因爲有什麼不想告訴家人或朋友的問題。這時候，撥打諮詢專線，或許可以找到你需要的支持。

在你感到迷惘、困惑或孤單的時候，要拿起電話打給陌生人眞的需要勇氣。這不容易做到，尤其還期望對方願意聆聽。但機會在於，對話的人可以引導你前進，提供資源或轉介，讓你找到能幫助你的團體。懂得求助至少可以讓你減少擔心和憂慮，說不定問題還能因此得到解決，重拾內心的平靜。

儘管網路上可以找到許多重要的資源，可是能夠和人說說話會讓我們更自在、更放心——「說出自己的想法」、發洩、檢視自己的處境、看看有什麼選項、解決問題。

老實說，有這麼多諮詢專線、關懷熱線或求助熱線，會讓人不知道該打哪個號碼。或許你選錯了，或許接電話的人不怎麼願意幫忙，讓你覺得很氣餒。如果你已經覺得被孤立了，結果打電話過去的時候，對方只想趕快掛上電話，隨便提供什麼資源打發你，那種感覺眞的讓人沮喪。

我當過諮商師，接過求助熱線和諮詢專線的電話，而我自己也是個孤單的人，打過求助熱線和諮詢專線（但沒有找到我需要的溫暖）。在此我想給大家幾個建議。一般來說，諮詢專線、關懷熱線或求助熱線有很大的差異。

諮詢專線協助我們找到資源和社群服務。它們通常是「資訊和轉介」的專線。有時候諮詢專線可能會提供一些情感支持或幫忙解決問題，但不一定每次都會。如果沒有的話，你當然可以問社工有沒有關懷熱線的電話。如果你打電話是爲了得到情感支持，最好能跟社工講清楚這個目的。

除此之外，諮詢專線可以幫你找到：

- 悲傷、慢性病、癮症、離婚、失業、照顧、教養和其他問題的支持團體。
- 諮商和心理健康服務。
- 失能服務。
- 十二步驟團體。
- 住房、財務、法律協助。
- 老人照顧（阿茲海默症和其他服務）。
- 托育服務。
- 食物銀行以及和食物有關的協助。
- 供暖協助。

關懷熱線提供情感支持，但不適用於危機處理。當你感到孤立或孤單，或某天覺得特別難過的時候，可以打給這些熱線。（如果你陷入極度憂鬱或想自殺，最好打求助熱線電話。）關懷熱線通常可以提供心理健康的支援，不論是憂鬱、焦慮、悲傷、癮症、虐待或各種困難的問題。打電話到附近的心理健康服務機構，就能夠得知關懷熱線的號碼。

求助熱線提供危機支援和快速回覆的心理健康服務，例如自殺防治、家暴防治、癮症或精神危機等等。危機熱線可以提供諮商，幫助緩解劇烈的危難或心理問題，也幫助你思索自己的行動，決定接下來該怎麼辦。

找到了解我們的人：支持團體、治療師、人生教練

參與聚會可以讓我們認識有類似體驗的人。Meetup.com 正在快速擴展，有愈來愈多支持團體出現。我們很容易就可以找到慢性病或悲傷或復原的主題聚會。成立聚會團體的人只是一般人（而非專業人士），目的是讓大家聚在一起，從孤立的處境中走出來。

孤立的問題常會被汙名化，但現在波士頓地區以孤立為主題的聚會團體就有幾十個。以下隨機提到幾個大波士頓地區為孤立提供同儕支持的團體：波士頓強迫症支持團體；波士頓地區社交焦慮團體；NamaStay 清醒團體；復原之心香巴拉團體；天主教徒復原團體；波士頓市中心離婚或分居人士團體；成人悲傷／喪親支持團體；支持五十歲以上的喪夫者；波士頓高敏人士團體；NAMI 牛頓衛斯理家庭照

顧者支持團體；波士頓慢性疼痛支持團體；注意力不足過動症女性患者支持團體。

面臨孤立處境的人可以參加的支持團體還包括：

悲傷和喪親支持：因爲悲傷和喪親而覺得被孤立的人，我建議可以連繫附近的安寧療護機構或醫學中心，請喪親協調員、志工協調員或社工幫忙，轉介悲傷支持團體。即使親人不在安寧療護機構裡，他們的社會服務員通常願意爲求助的社區成員提供協助。有些城市也有悲傷和喪親中心，有時候會跟安寧療護機構或醫學中心合作。

復原和十二步驟團體：成爲團體的一員對於復原之路很重要，因爲克服孤立和汙名化是療癒的根基。在美國，可以透過藥物濫用和心理健康服務局（SAMHSA）轉介支持團體或十二步驟團體，或幫忙找到附近的其他治療選擇。SAMHSA 提供美國各地定位服務，連結到十二步驟和其他復原團體。

慢性病支持團體：大多數醫學中心都有社服單位或社工師，可以提供所在地的慢性病支持團體，以及居家照護員。很多醫學中心的網站都會列出附近的支持團體和資源中心。透過一些專業的協會，例如美國癌症學會、美國心臟病協會、美國多發性硬化症協會、腦部損傷協會、克隆氏症和結腸炎基金會等等，也可以找到相關資源。

心理健康支持團體：心理健康團體愈來愈多，各地都有人在推廣，目的在消除精神疾病的汙名。

切記，支持團體可能由一般人發起，或由受過訓練的醫師主持。有些人或許偏好治療取向的團體，可受益於專業社工、復健諮商師、護理師或其他臨床醫師的技能。然而，很多人傾向同儕領導的團體（聚會或十二步驟團體），可以在更輕鬆的氣氛下交到新朋友。

求助支持團體時，一定要先了解是專業人士主持的，還是同儕組織。（多年前，在我懵懂混亂的雙十年華，我參加過一個酗酒者成年子女的十二步驟團體，還有一個認知治療團體，兩者都讓我獲益良多。）

要找到精神疾病的支持團體，可以嘗試美國三大相關網站。

- 藥物濫用和心理健康服務局：www.samhsa.gov。
- 美國焦慮症和抑鬱症協會：https://adaa.org。這個網站有很多不錯的資源，可以找到支持團體。
- 美國精神疾病聯盟（NAMI）：www.nami.org。

心理治療：在最脆弱的過渡時期，很多人會覺得需要心理治療師。在開始治療前，最好能先了解治療師的目標、專業和採取的方法，以及背景經驗。有些實用的治療方法包括尋解導向治療、認知行爲治療、個人中心治療、關係／文化治療等等。有創傷問題的人很適合採取眼動減敏感及再經歷治療法（EMDR）的治療師。根據個人觀點，如果你因爲被汙名化而痛苦不堪，覺得整個社會都在評斷你，我建議你找一個受過動機訪談訓練的治療師——這也適合正在治療癮症及從暴力和虐待中復原的人。儘管動機訪談很適合飽受孤立汙名的人，還有很多受過訓練的優秀治療師可以幫我們克服這個問題。

下列網站都可以搜尋合適的治療師：

- 「今日心理學」的治療師名錄：https://www.psychologytoday.com/us/therapists
- 美國焦慮症和抑鬱症協會的治療師名錄：https://members.adaa.org/page/FATMain
- SAMHSA 諮詢專線。工作人員可以幫你找到附近的心理健康機構：https://www.samhsa.gov/find-help/national-helpline
- 美國衛生及公共服務部的網站：www.mentalhealth.gov
- 美國心理學會的心理學家名錄：https://locator.apa.org

家暴及性侵害支持團體：走出家暴或性侵害的陰影後，當事人可以尋求有相同經驗、能夠同理自身感受的其他倖存者的支持，慢慢回復正常生活。經歷相似的痛苦和羞辱後，重建的路上可以彼此扶持與協助。支持團體是復原和重拾力量的根基，也是建立社群的跳板。

人生教練：人生教練不是心理治療，但很適合幫助我們思考人生的目標、做決定，以及增進社交或生涯的人際網路。不論是要追求工作和生活的平衡、尋找使命感或目標，還是希望能活得忠於自己，都可以考慮尋求他們的協助。

大約十二年前，我想確立人生目標並鼓起勇氣追求寫作的熱情，於是我求助於一位人生教練，她改變了我對生命的看法。基本上，她教導我發展人際關係的方法，找到人生目標（不光是事業目標）。我跟她合作了一年，覺得非常值得。

如果要說人生教練對我們最有助益之處，我認爲一個好的人生教練可以幫助你專心追求與達成更高的目標，而這些目標會爲人生帶來意義、目的和滿足。

要進一步了解怎麼選擇人生教練，我建議查閱國際教練聯盟（International Coach Federation, https://coachfederation.org）的相關資料，這個機構是人生教練認證的最高標準。

第三部

勇敢的新生活：十五個激勵人心的個案側寫

接下來要分享十五位案主的故事，他們慷慨提供自己如何打破孤立、建立社群連結的智慧。他們每個人對於讓自己陷入孤立的力量都有獨到的觀點。有些案例是從疾病、悲傷、癮症或汙名中走出來的個人經歷。其他故事則是關於這些饒富創造力的人們如何在社群中創造情感連結以克服孤立處境的歷程。

故事中一再出現的主題是這些人面對孤立他們的力量時，如何重新找到人生的目的。舉例來說，康達里安父子透過戲劇的自傳式演出呈現他們怎麼走出藥物成癮所造成的孤立困境。他們以孤立他們的力量轉而打造出一個堅實的團體，支持有相同困境的人。

同樣的，一位患有萊姆症的年輕女子艾莉被孤立、誤解，連醫生也沒有好好傾聽她，後來她透過與同樣被疾病籠罩上汙名和被輕視的人分享故事，創造出一個支援團體。她發起線上支持社群，還寫了一本書，現在經營一個有將近三萬追蹤者的網站。

圍困我們的力量也可以讓我們團結在一起，這不是很諷刺嗎？接下來四章裡的故事會讓我們看到這一點。

第五章

癮症和悲傷：建立復原社群

鴉片類藥物成癮者所面臨的孤立處境，他們的家人和朋友同樣也會遭遇。當我知道好友貝琪隱瞞她繼女的藥物成癮問題，默默承受各種困境，我就能諒解她讓我術後一個人在醫院醒來的事情。癮症造成的問題會影響所有人，也會讓它周遭的每個人都陷入孤立。的確，當你的生活總是波動不安時，誰都會想要離你遠一點；當問題一個接著一個來，根本無法建立堅實的關係。要怎樣才能結束這樣的循環呢？

癮症和孤立的力量會互相增長，它們都是會造成人際關係斷裂的疾病。就算你從未被癮症波及，下面的故事將帶我們看到因爲藥物濫用而造成個人陷入極端的孤立處境。安娜・貝絲有很多朋友死於鴉片類藥物成癮。保羅・康達里安的兒子正從藥物成癮中走出來，兩人敘說了他們的故事，以及癮症餘波的痛苦夢魘。羅蘋・賓恩的兒子尼克死於用藥過量。儘管這四個主角都證實了癮症的毀滅力量，但他們每個人都找到突破孤立的方法，也爲生命找到支持的力量。每個人都克服了問題，體悟到改變生命的啓示。這些故事突顯了一個重要訊息：要能夠克服癮症的危機，關鍵就在於建立社群支持與情感連結。

他們四個人都把孤立的經驗轉爲幫助別人的使命感，曾經讓他們孤立的事物變成振奮向前的力量。他們正採取行動，領導社群，努力終結這種疾病的汙名化、社會評斷，以及隨之而來的孤寂感。透過行動，他們自然也建立起令人滿足的友誼和夥伴關係。

安娜．貝絲：戲劇救了我一命

文學碩士兼戲劇治療師安娜．貝絲創辦了COAAST（共同探索癮症的支持）這間位於美國羅德島的非營利機構，目的是透過藝術的教育、療癒和社群力量，杜絕鴉片類藥物的流行與蔓延。她在貝提斯組織（BETES Organization）擔任戲劇治療顧問，爲第一型糖尿病童的家庭打造和製作戲劇節目。她也曾到美國在烏克蘭東部的大使館工作，服務對象是因爲俄羅斯占領烏克蘭而流離失所的當地青少年。她在當實習生和正式工作時的服務對象包括癮症患者、獄囚和退休士兵。

安娜深知戲劇能夠如何克服社會汙名和評斷。她成立 COAAST 爲鴉片類藥物流行的問題發聲，演員們把大家都不敢說的問題演出來。她寫了一部劇《靠著四條腿站起來》（*Four Legs to Stand On*），故事令人心碎，講述一個女人因爲無法脫離鴉片類藥物而迷失了方向，而她的家人又是如何處理這個問題。

我看過 COAAST 的兩部劇，也訪問過安娜。她有很多朋友因爲藥物成癮而喪命，因此她覺得自己有責任以戲劇治療的背景，透過戲劇來激發人們採取行動。很多演員都有類似的癮症問題。觀眾觀賞《靠著四條腿站起來》的時候，也有機會公開跟演員們及安娜討論他們知道的實際狀況。活動之後，參與者會得到啓發、希望和連結感，也能找到解決的辦法。安娜精通戲劇的藝術，即使看過她的劇作很久之後，我們也會想要做點改變，就在我們的社群裡。下面是她自述的故事。

找到、失去又找回對戲劇的熱愛

戲劇是我的王國，我的生活。

六歲的時候，我第一次走進劇場。我是個早熟的孩子，想像力豐富，而上臺表演剛好可以滿足我想要接觸更多人的欲望，我想要把我的幻想表現出來，還有我內心的許多感受。從小我就喜歡聽故事，我每天都會想像自己是另一個人。戲劇對我來說不是一種逃避現實的方式，正好相反：它是我學會了解自己和其他人的方法。

投身戲劇後，母親就是我的最佳擁護者，她會開車接送我去排練、在開演前那週天天送來深夜的晚餐、每次試鏡她都爲我加油。

她是我的頭號粉絲。

我十歲的時候，母親罹患乳癌。經歷手術、化療、放療跟臥床，她從未放棄支持我的夢想——在百老匯演出。我不知道她是怎麼做到的，她總是有辦法把我送去每一堂舞蹈課、歌唱課和試鏡。那一年，我第一次得到正式的角色，飾演《真善美》（*The Sound of Music*）裡面的第六個孩子瑪塔。這個角色有錢拿，屬於夏季製作演出的劇，與百老匯演員一起上臺。我爸會說那是貨眞價實的角色。雖然母親正在掙扎求生，她依然想辦法盡量來看我的演出，即使她不能來，也會確保有家人或朋友在場支持我。

她眞的是我的頭號粉絲。

十三歲的時候，我要進中學那年，母親在家中的客廳裡過世。那時候是六月，炎熱的夏日。她過世時是深夜，親友圍繞在旁，對著她冰冷的遺體輕聲細語。我們等到第二天早上才打電話給葬儀社。穿著黑西裝的人來搬走母親時，也帶走了我對戲劇的熱情。跟她的遺體一樣，我對劇場的愛也僵硬停滯了；那些人把母親裹了起來、輕輕放進大袋子裡，從玻璃門走出去。

我的頭號粉絲走了。

她嚥下最後一口氣後，也帶走了我想要與他人接觸、分享燒灼胸口的疼痛，以及透過戲劇表達自我的渴望。創傷和悲慟讓我相信我很孤單，其他人什麼都不明白。在大多數情況下，確實是如此。在正要畢業的八年級同學裡，沒有人曾抱著他們死去的母親。雖然周圍的人盡力提供我支持，卻只是劃開更深的鴻溝。我想對他們尖叫：「可不可以把我當成正常的孩子來對待？」

血氣方剛的我開始找尋跟我一樣受過傷的孩子，他們大多來自破碎的家庭，體驗過暴力、死亡和被忽視。我決定離開私立學校，轉到公立學校，這樣一來更容易碰到這樣的人。他們變成我的避難所。不幸的是，不去處理內心創傷的話，它很有可能會變成精神疾病跟藥物濫用。我就是最好的證明。在我的避難所裡，情況已然失控。藥物成爲我們的聖殿與救贖。藥物讓我們覺得正常，更容易建立關係與分享故事，也幫我們帶走痛苦。

進入中學後，我曾再度踏入劇場，但是沒有母親，我覺得空虛。我開始寫作，大多是寫詩。我在詩歌擂臺跟深夜的咖啡廳裡分享過幾次，但體驗過舞臺的快感，我無法回到正常的生活。周遭的人總是帶著憐憫的眼神看我，更糟糕的是，他們會避開我的目光。我再次覺得他們不了解我的痛苦和困惑。因此我再也不分享我的作品，把我的活頁文件夾藏在床底下。

直到二十三歲，我才重新回到劇場。那時候我住在舊金山，平時打打零工、在市立學院上課。六月的某一天，我找到了回去的路。我決定跟一位很有名的老師上夏季密集班，他還認識演員西恩潘（Sean Penn）。我很快體悟到，表演的藝術是要我們呈現自己的感覺、經驗，以及這之間所有的東西。（我覺得稱之爲「表演」實在很諷刺，彷彿那只是一種僞裝。）

在表演課做感官記憶練習時，你要把自己放到過去的一個房間裡，用現在的自己來檢視它。在舞臺上，你想像那個房間、氣味、聲音；你探索房間、用手勢模擬翻開一本書、碰一碰枕頭。我選了我們家的客廳，母親去世的地方。我檢視了那個客廳、窗臺邊的植物、穿透玻璃門的陽光、臨終的病床。我一再重複這個練習，讓自己陷入過去的情緒；我不斷重複練習，直到身體無法再動彈。

最後，在一個又熱又黏膩的七月天，我找回了房間的感官記憶。我可以聽到玻璃滑門的聲音；我可以聞到母親身上的味道。我不知道該怎麼形容，我控制不住自己。我尖叫大哭，我覺得憤怒，無比憤怒。然後表演教練就像很有禮貌地請我打開門那樣，要我放開記憶，回到現在的房間裡。我舉目四顧，看到同學的眼睛或濕潤或呆滯。沒有人覺得害怕，沒有人覺得有問題，沒有人想叫我安靜下來或擦乾眼淚。他們讚賞我的努力。房間裡的每個人都能看到我的痛苦，允許我放聲大哭，然後讓我回到當下。沒有人害怕我哭喊，沒有人想轉移我的注意力，甚至沒有人嘗試詢問我為什麼這樣。他們只是坐著，見證一切。那一天，我發覺劇場裡的人，就是跟我同一國的人。

八年後，我成為戲劇治療師和編劇，創辦了相當成功的非營利機構，用戲劇對抗最嚴重的大眾健康危機，並寫下了我的故事。執筆之際，我眼中含著淚水，因為我不知道原來那個七月天的表演練習，對我的生命有如此巨大的衝擊。

戲劇救了我一命。

戲劇教我怎麼再度感受到自己的情感，而且感覺如此安全自在。劇場裡的人讓我知道，他們可以跟我坐在一起，感受我的痛苦，他們不會對我抱持異樣的眼光，甚至不會嘗試去追問原因，只是接受我的現狀。戲劇讓我明白透過故事、角色、表演，可以讓人連結到他們的記憶、夢想和想像力。戲劇教我，在碰到危機的時候，真的能在其中找到療癒。

我對克服孤立的建議

一、大聲承認，或告訴你信任的朋友或治療師，你覺得被孤立，失去連結。
二、參加即興表演或演出課，與其他人建立關係，分享故事。
三、去看看能夠激勵你的現場表演、音樂或舞蹈。
四、用第一人稱或第三人稱的方式寫日記，把你的問題看作是一場旅程。探索這段旅程可能會去到哪裡。把自己當成踏上旅途的主角，正要展開冒險。

保羅・康達里安：克服無助帶來的孤立

保羅・康達里安是演員兼作家，住在波士頓普羅維登斯一帶。他爲許多刊物寫過無數的文章，包括《波士頓環球報》、《洋基雜誌》、《羅德島月刊》、《波士頓父母親》、《西雅圖的孩子》等等。從二〇〇七年開始，他也把他的創作本能貢獻給表演，演出了數十齣劇作、獨立電影、電視廣告、企業宣傳和教育影片、網路連續劇等等。

在所有的表演中，他覺得最值得一提的就是與COAAST的合作，也就是安娜・貝絲創立的非營利組織。保羅在他們的叫座好戲《靠著四條腿站起來》裡飾演藥物成癮者的父親，一家人因爲孩子的問題而陷入危機。他跟他的兒子也寫了一齣名爲《重現》（*Resurfacing*）的劇，以自傳方式敘述他兒子的癮症和復原之路，由哈佛醫學院和健康敘事協作贊助與製作。這些作品讓我們知道，在對抗癮症的問題時，我們並不孤單。我們受傷了，整個群體也會受傷。我們痊癒了，整個群體也會痊癒。以下是他的自述。

身爲成癮者的父親而被孤立

身爲成癮者的父親，我面對一個矛盾的二分法：你知道你不是獨自一個人，有成千上百的父母正經歷跟你同樣的痛苦；但你**確實**很孤單痛苦，覺得快被壓碎了、快被毀滅了，因爲那是你的孩子。你自己的孩子。除了你之外，沒有人知道這件事。除了你之外，沒有人爲這件事要死要活。

這種對比就說明了我們的孤立狀態：從社會觀點看來，我們不一定遭到孤立，孤立的處境是來自我們的內心；沒錯，我們孤立到了極點。

還有另一個值得深思的二分法，就是這種病症所帶來的汙名和恥辱。就智識的層面，我理解社會汙名和恥辱，也知道我不需要承擔社會的評斷；然而，我讓自己去承擔汙名和恥辱。我們全心愛著自己的孩子，身爲父母，我們不計一切代價要保護孩子。我們會毫不猶豫地幫孩子擋下子彈。但面對癮症，我們似乎束手無策。所以我們覺得很慚愧，因爲我們讓這件事發生了；我們沒盡到爸媽的責任，所以要承擔罵名。

當然，從客觀的角度來看，讓一名父親或母親陷入這種罪惡感、恥辱和怪罪的惡性循環，其實是錯誤的想法。但不知道爲什麼，我們相信孩子會藥物成癮都是我們造成的。這是他的問題，但也是我的錯！這件事要花很長的時間才能想通。可是在某些方面，我永遠想不通。這是我的烙印、我無法擺脫的痛苦、我要背負的十字架。雖然重量會愈來愈輕，但我覺得永遠不會消失。我願意接受。我會盡力扛著這樣的痛苦。

我記得前妻給過我建議，因爲我們有共同的目標：要幫助我們的兒子。她說她去參加了匿名戒毒會（Narcotics Anonymous），建議我也去參加。我非常相信十二步驟團體的力量，全心支持他們的使命。所以我就去了一次聚會。

奇怪的是，我再也沒回去過。並不是那個團體做錯了什麼或做對了什麼。我只是覺得沒有幫助。我只去過一次。或許是因爲羞恥感，要在擠滿了成癮者的父親、母親、兄弟姊妹的房間裡，對著大家說：「我來了，我兒子有藥物成癮的問題。」

「太好了！進展如何？現在要哭嗎？」這種事情一般的處理方法是什麼？一開始就淚眼相對？對，你就聽著，然後你因爲子女而哭，也爲自己哭？這有什麼幫助呢？所以我再也沒回去了。

我確實覺得被社會孤立了，但那不是這個社會的錯。是我的錯。我對兒子無計可施，日復一日，不知道哪一天是他的最後一天。我想打電話給他的醫生、我認識的議員、求助熱線、退休的緝毒警察、任何一個我能想到的人，向他們求助。但是我毫無進展。在藥物危機剛浮現時，沒有人能幫忙，因爲大家都跟我一樣困惑。更正：地球上沒有誰像我這麼困惑或孤單無助。

我打電話給波士頓地區的麥克萊恩醫院，治療癮症最棒的醫療機構，他們告訴我，沒有保險的話，每個月要四萬美金！所以我無法找醫院幫忙，我覺得比以往更孤單，也覺得很罪惡，付不出四萬塊解救我的兒子。我覺得好無助，失落、不確定、恐懼和孤立。我知道在我兒子的這段灰暗歲月裡，我不是一個人，但我不知道要去哪裡、該做什麼、該想什麼或該怎麼想，或者我根本無法思考，彷彿墜入了「迷霧戰爭」。

二〇一三年的夏天，我爸媽在幾個星期內相繼離世。我站在不同的世代間，一邊是兒子、一邊是父母，兩邊都是靈魂的重擊，就像打在鐵砧上的大錘。這不是他們的錯；他們都生病了。爸媽因爲年老而生病，兒子困在癮症裡，從而導致我生了孤立的病。聽起來或許太戲劇化了，孤立對我來說居然是一種病，但這些病症確實在我周圍盤旋，我病了，因無助而孤立，沒辦法爲我愛的人做什麼。

那是一條很長、很難走、很無情的路，但我兒子跟我走了好幾年，也把它走完了。我或許是唯一一個站在他身邊的人，最後讓他去退伍軍人管理局接受治療。他是阿富汗戰爭的陸軍退伍軍人，看過和做過一般人永遠不需要做的可怕事情，我認爲這是他陷入藥物成癮的理由，但不能做爲藉口。然而，是他自己找到了內在的力量，堅持治療。不是我，不是他的治療師，也不是美沙酮的功勞。是他自己做到的。他打贏了這場仗，生命中最硬的一場戰爭。

是什麼把我拉出了孤立

在兒子成癮最嚴重的時候，我認識了安娜・貝絲，她剛創立 COAAST 這個非營利組織，透過戲劇治療來消除癮症的汙名。當時她正在寫一部戲，叫做《靠著四條腿站起來》，內容是一個上癮的孩子，以及家人所受到的衝擊。那時候我兒子因爲藥物成癮而痛苦無比，但是我告訴安娜，我會與她保持連繫。

最後，我兒子終於開始漫長的復原期，我又跟安娜聯絡上，她找我扮演劇中的父親。我寫了爲人父者在劇末令人心碎的獨白，他懇求他的孩子向外求助，重拾鬥志，儘管做父親的願意爲他而戰，但除了上癮者本身，沒有人能幫他作戰。如果說在我突破孤立的旅程上有什麼轉捩點，那正是這個透過戲劇分享自身經驗的機會。身爲父親，加入COAAST擔任演員和推動者，我感覺得到了釋放，爲了打破鴉片類藥物成癮者的汙名而戰。我兒子已經走在正確的道路上，他終於願意爲自己的生命努力，我知道此刻我應該加入COAAST。

近來我跟兒子也創作了自己的劇《重現》，講述我們共同經歷的一切。我們透過COAAST跟哈佛醫學院的健康敘事協作催生這部戲。我參與演出，由另一名演員扮演我兒子。

到目前爲止，這些演出經驗對我來說都是打破孤立的重大突破。

建立社群的行動主義者

COAAST的表演是對抗癮症的理想平臺。戲劇讓人們知道他們並不孤單，也呈現出個人受了傷，群體也會跟著受傷；個人能夠痊癒，整個群體才會痊癒。

我們的演出是爲了幫助藥物成癮的人，以及因癮症而喪命者的親友。我們到學校、醫療單位和一般大眾場合演出。參與觀賞的人可能體驗過成癮帶給家庭、朋友和社會的創傷，不論是個人或群體的創傷。基本上我們是在告訴別人他們已經相信的事。每場表演結束後都有二十五分鐘的對話時間，但往往二十五個小時都說不完。幾乎每個人都有成癮的故事要說，因爲我們或多或少都聽過或看過。有些故事充滿希望，有些則很悲慘。

我從沒想過自己到了這把年紀會成爲積極的推動者。我年輕時相當自我，我熱愛生命，但做什麼大都是爲了自己。到了中年，這項使命出現，我放手一搏，而現在，這是我人生的目標。在我餘生中還可以做很多很美好的事，然而這件事是最有意義的。我從不知道靠著戲劇幫助他人建立社群是如此真實、如此必要、如此美妙的感受。進入這個世界後，我感受到前所未有的歸屬感，因爲我們可以幫助他人克服跟癮症連在一起的汙名和批評。

幸運的是，這幾年間我們社會面對鴉片類藥物的問題時，態度變得更爲謹慎也更有危機意識。我見證社會對成癮者態度的改變。過去數十年來，成癮者幾乎都是生活困頓又壓抑的人或是有色人種，他們因藥物濫用而命懸一夕，而眾人往往看不起這些人和他們的家人。但現在就連在波士頓、紐約、洛杉磯的富裕郊區裡的白人小孩也都面臨這個問題，所以社會更爲重視了。

不過汙名仍未消除。假設有一百個觀眾，我問他們個人或周遭親友是否曾經面臨癌症威脅，幾乎人人都會舉手。但問到成癮的問題，我相信很多人不敢舉起手。汙名化會孤立我們，這也是爲什麼我們這些走出來的人要義無反顧爲還困在其中的人指路。任何方式都有可能。每個人的旅程都不盡相同。

反思社群媒體、孤立和癮症

社群媒體可以幫助你，也可能傷害你。網路社群媒體可以是強大的工具，幫助走在復原之路上的人建立與他人的連結，尤其在復原初期。如果能集合眾人之力，就可以給成癮者一個發聲的平臺，告訴大家如何提供協助給他們。

然而，從另外一個角度來看，我認爲現代人因爲社群媒體而變得更加孤立了。年輕一代，他們的面孔、腦袋、心靈和靈魂都被藏在炫目的螢幕後，然而螢幕不是他們眞正的朋友，就像白粉也不是成癮者的好友——這個比喻或許老掉牙，卻是我眞心的感受。

研究結果不也證實了網路社群媒體會讓人變得更孤立嗎？人們因爲斷了眞實的連繫所以被孤立，更糟糕的是，他們是自願變得自我囚禁。他們心甘情願地孤立自己，甚至覺得這樣很好。他們以爲網路上那些無聲的人才是他們的朋友。當然，很多人是他們的好朋友。但透過實際的交流，面對面接觸，才能確保不會陷入孤立。

孤立時可以做的事

一、別讓他人的看法阻擋你對自己的信念。我們會害怕遭到他人評斷。但如果有人批評你只是爲了讓自己顯得更有優勢，這樣的關係打從一開始就不值得建立。

二、加入團體，找事情做。或許聽來像是陳腔濫調，但孤立不就是一個人嗎？所以就加入支持團體、讀書會、健身房、圖書館團體、烹飪團體，不論你對什麼感興趣都去試試看。

三、當志工。能夠幫助他人會讓我們感覺更好，減少孤立的感受。幫助別人在很多方面來看也是幫助自己。

四、抬起頭來。眞的。抬頭看看。你是否常看到別人低著頭，轉開目光，不敢看著彼此的眼睛？所以，請抬起頭來，看著別人。微笑。打招呼。抬頭看，接觸他人的目光，是建立關係的本質，也會讓你不那麼孤單。

五、需要的話，找別人幫忙。憂鬱很容易讓人陷入孤立（我親身體驗過），但這個問題可以透過談話治療控制，需要的話也可以靠藥物輔助。尋求協助。開口求助。只要你願意，就能伸出手。

保倫・康達里安：陷入孤單的夢魘

保倫跟父親與 COAAST 一起演出自傳性劇作《重現》時，我坐在觀眾席上，聚精會神，深受感動，有時候跟其他許多人一樣眼眶泛淚。我很幸運能認識保倫並採訪他，深入了解他的背景，以及他如何克服孤立。下面是他的自述，分享他如何找到出路。

孤立的牢籠

介紹自己對我來說很困難。我想要好好說說我的經歷，讓別人相信我對成癮這件事眞的有些體悟。或許有些人正覺得自己深陷地獄，但願我的經驗可以帶來一線生機，把他們拉出深淵。不過我們都知道不可能光靠一個方法就行得通。書籍、演講、醫生、治療師，或是像勵志演說家安東尼・羅賓斯（Tony Robbins）一樣成功的人，都無法給你一個獨一無二的祕訣，讓你克服孤立處境。如果有人說可以給你解藥，那都是胡說八道。

然而，或許有人想聽聽我的故事。或許有人知道我曾經待過的那個地獄，可是他們不想再聽。但起碼我可以提供卑微的眞相：走過地獄一遭後，仍有人生的路可行。看到像我這樣不幸又注定失敗的笨蛋還是有脫離風暴的一天，或許你們就可以重拾力量，繼續撐過明天。

好的，歡迎光臨我的人生。儘管我徹徹底底搞砸了，我還是活了下來，能把我的故事說出來。更重要的是，我能告訴你，你**並不孤單**。我要一再強調這一點。

我是土生土長的麻州人，這輩子都住在麻州，除了去阿富汗當兵的那三年。跟多數美國人一樣，大我兩歲的姊姊和我經歷了父母離異。我九歲的時候，爸媽離婚了，我失去純眞童年，看到世界的殘酷眞相。我認爲童話故事都是騙人的。我變成一個憤怒、抑鬱、困惑的青少年，而我不知道怎麼處理這些強烈的情緒。愛爾蘭裔的母親是天主教徒，嚴厲又控制慾強（姊姊跟我的監護權大部分歸她），父親則是個好好先生（每週二、四和週末的下午四點到八點半，他負責照顧我們）。我覺得自己被撕裂了。

母親以孤立做爲懲罰，讓我亟欲找到任何形式的情感連結與接納。十二歲的時候，我迷上龐克搖滾，至今那對我來說都不只是一種音樂。龐克搖滾是一種生活方式，剛好符合我的憤怒和強烈情感，同時讓我得以逃離腦袋裡的一片混亂。有好幾次我偷跑出門，去波士頓看表演。我在龐克演唱會上碰到很棒的人，找到接納我的大家庭。可惜的是，我的家鄉沒有龐克文化，母親愈來愈嚴密的控制和我自己的錯誤選擇，限制了我的社交圈。儘管我在高中有很多朋友，大家也喜歡我，我還是沒找到我最需要的東西：眞正的朋友和接納。

經過許多的爭吵，錯過無數的機會，我總算從高中畢業了。日積月累的仇恨，加上什麼都能吵，我跟母親的關係一落千丈。即使我在人前表現友善親切，私底下卻習慣了每當感到壓力、生氣、受傷的時候就孤立自己。我一直想找到出口，釋放我的孤立和憤怒，然後我發現藥物可以快速解決這個問題。到了這個時候，我已經抽菸三年，還常常喝酒，有機會的話會吸食古柯鹼。我還沒碰過鴉片類藥物，但在二〇〇七年中，鴉片類止痛藥奧施康定（OxyContin）使用浮濫，過不了多久我也開始接觸。

那時候的女友建議服用五毫克的鎮痛劑 Percocet，我躍躍欲試跟著做了。雖然我過去對於鴉片類藥物很謹慎，但這時我已經不管後果了。我剛從高中畢業，沒有未來、沒有眞正的工作、沒有計畫、沒有希望。我想趕快遮住自己的眼睛，不去看一片漆黑的無底洞。第一次服用鴉片類藥物後，我就像一見鍾情，隨後食髓知味，而且永遠覺得劑量不夠。兩年後，我戒毒了四、五次，服用過的藥物不計其數，還曾把自己鎖在房間裡兩個星期戒掉海洛因、贊安諾（抑制焦慮的藥物）、古柯鹼和鴉片類藥物。我準備好要接受改變了。我決定要找個解決之道。而美國陸軍就是我的答案。

勇敢的年輕男女爲著許多高尚和不怎麼高尚的理由加入軍隊。有些去接受教育，有些希望有更好的未來，有些人則是因爲無計可施，否則就要淪落幫派、吸毒或酗酒。但我的理由跟大家不一樣。二十一歲的時候，我就「知道」我不會活過二十六歲。不論如何，我不會活很久。我「知道」我不會有什麼成就，一輩子都是一個吸毒的人，浪費所有的天份，最後手臂上插著一根針死去，反正大家就是這麼想。有些人從軍是爲了改善生活，我從軍是爲了結束人生。我從軍只有一個願望，躺在屍袋裡被送回家，如此一來值得活下去的好人才能活下去。我加入軍隊只爲了受死。但我沒死。

接受基本訓練後，二〇一〇年五月，我被送到紐約上州的德拉姆堡（Fort Drum），美國陸軍第十山地師的基地。我的使命是爲多數人的福利犧牲自己，而我在服役時確實找回了一些自尊心。這是我有生以來第一次爲自己感到驕傲，爲我所做的事和我的身分自豪。我碰到非常棒的人，我會一輩子稱他們是我的兄弟。加入第十山地師不到一年，我們就接到派遣任務。二〇一一年三月，我們出發了。雖然我之前在海外待了快一年的時間，但我永遠不會忘記二〇一一到一二年的持久自由行動（Operation Enduring Freedom），那像一場惡夢，在阿富汗留下的情感衝擊與身體疤痕是永遠不會痊癒的。我失去了六名弟兄，三個就死在我身邊，還有十二名弟兄變成了殘廢。

我坐在機艙裡回家，而有些人則躺在機艙下方的盒子裡，支離破碎。像我這樣的毒蟲可以回家，像傑佛瑞斯、托賓和康特瑞拉斯等偉大的人卻再也看不到他們的家人，我實在無法承受。從阿富汗回到德拉姆堡後，過了十個月，我受命除役，被送回麻州。

每一名士兵，就算沒有參與戰鬥、沒有被派遣出去、沒有精神病，回來後要重新融入生活都不容易。揮之不去的創傷後壓力症候群、倖存者罪惡感、身上的傷口、腦部外傷，以及潛在的成癮問題，我注定又要失敗了。在這個過渡期，我能運用的資源不多，不然就是要跑很遠才能找到資源。我「知道」自己應該裝在棺木裡回來，而不是坐在機艙裡，所以我只有一個選擇：藥物跟孤立。

之後的兩年就是一樣的循環：醒來、籌錢、買藥、變得正常（注射海洛因的情緒高漲期過後，你得對抗毒品帶來的噁心感，回復身體正常運作，看起來就像變得正常了）。海洛因的效果逐漸減弱，然後因爲缺錢而覺得恐慌，接著去找錢、失去知覺、醒來、找錢，如此循環。那就是我的人生。我做過很多工作，有些很不錯，但都只能維持幾個月，因爲我的癮頭毀了長期工作機會。很多成癮者會不斷跌到谷底，我也不例外，那對我來說就像是家常便飯。毒癮讓我變得孤立，遠離世界上每個人。可是退役後的孤立不一樣，延續得更長，直到最近，我才能心平氣和地接納一切。

自殘式地注射海洛因兩年後，我終於被送進普羅維登斯的退伍軍人醫院，住了兩個星期。我身上有兩處巨大的膿瘍，手臂和左手都感染了。讓我告訴大家這段成癮期間我對自己造成了什麼樣的傷害：在醫院裡，醫生和護士在我身上找不到可以打點滴的靜脈，因此他們只能繞過脖子，打在鎖骨後面。最後，基本上他們像是直接把藥打到心臟裡。右邊沒辦法，因爲注射海洛因後，我的頸動脈已經損壞了。那就是藥物成癮的後果。理智上，我知道把藥物直接打進心臟有多瘋狂，但那時候我已經不在乎了。

躺在病床上因疼痛而扭動、退縮、焦慮，胸口掛著點滴，膿瘍手術後綁上了繃帶、抽出大量的膿、傷口塞滿了藥物，我心裡只想：我實在受夠了。我很幸運，醫院裡有一位守護天使幫助我。我是無神論者，不相信神話和宗教裡的天使，但那些心裡完全無私的利他主義行動者，本身就是天使。我的天使是我的藥物濫用個案管理師兼護理師，琳恩・戴翁（Lynn Deion）。她一直不放棄我。沒有人願意相信我時，她會推我一把。她讓我加入退伍軍人醫院的美沙酮治療計畫。出院時，我心中有計畫，腦中也有了目標。

治療計畫進行了幾個月，困難重重，我每天都要告訴自己琳恩常說的那句話，「你不能再打海洛因了。」最後我成功了。我已經四年沒碰毒品，即將邁入第五年。（不去想過了多久的話，會比較容易一些。）

戒毒之後，我去州立布蘭奇沃特大學（Bridgewater State University）註冊心理學的學士課程。一年後，轉到波士頓的麻州大學，並於二〇一九年五月畢業。我計畫去考研究所，並在二〇二〇年秋季開始博士班課程。

但還少了什麼。即使我戒掉了海洛因，採取正面行動讓自己過得更好，我仍然感到孤立。我沒辦法交朋友。我的故事跟其他人不一樣。人們可能因爲害羞或缺乏社交能力，所以變得孤立。我的理由不一樣。我很外向，很友善，在任何情況下都能交朋友。但我心裡有什麼綁住了我。我沒辦法去交新朋友，要跟軍中的弟兄聯絡也覺得困難。就算我戒了毒，跟弟兄斷了連繫、身體的創傷、倖存者的罪惡感，以及創傷後壓力症候群造成的孤立並沒有解決。我發覺還有一場仗要打。我選擇接受治療，對抗孤立。

開始治療對我來說不是太大的改變，因爲我本來就非常相信談話治療。但是這次不一樣。這次是採取以創傷爲焦點的治療：實境曝露治療法（in vivo exposure therapy）。談話是了解的第一步，接著我們討論創傷，也就是仍然糾纏著我的創傷。每次治療時，我必須重回創傷現場，用言語表達出來。每個星期，我都要聽好幾次自己的錄音，情感上再度經歷一次創傷，而不只是在腦中重現。我很討厭這個過程。但是它很管用。同時我慢慢逼著自己去做讓我覺得不自在的事，例如搭乘擠滿人的地鐵、去餐廳吃飯，以及背對著門坐。重複訴說創傷、實境曝露治療，以及與治療師一起進行分析，讓我得以正視我再度吸毒的理由、自我破壞的方式，還有我的孤立。

我很害怕。我得再次回憶和經歷許多朋友的死亡及受傷；他們是我的弟兄，就像我的親人。我必須承受無助感，聽著摯愛的友人哀求你跟其他弟兄，「拜託，殺了我吧！」因爲他們實在忍受不了那種痛苦。我聽著弟兄痛苦哀號七分鐘，因爲他被炸掉了一條腿，另一條腿則被倒下來的牆給壓斷了，但由於再爆炸的風險，我們不能立刻去救他。你必須殺死你摯愛的人，才能解除他的痛苦，那種感覺好無助，即使面對最可怕的敵人，我都不希望他們經歷這些。

如果弟兄沒死或沒被截肢，離開軍隊後我們相隔幾百幾千哩，我還是只能丟下他們。在我們最需要彼此支持的時候，我卻被迫離開他們。

匆匆離開，丟下我的弟兄，沒有機會一起療癒，是我孤立的源頭。我們失去了彼

此，無法提供支持。我們再也不能彼此相挺。在我們走向不確定的未來時，我們的連繫，我們的支持體系和賴以生存的方式，就四分五裂了。

明白失去連繫後的悲傷和痛苦，我終於能夠繼續向前。我開始去聽演唱會，結交新朋友，在學校裡參加更有意義的活動。我非常喜歡木工和手工藝，也開始逛起木工店，加入相關論壇，認識更多同好。我慢慢脫下多年來背負的羞恥和憤怒。我仍然在和想把自己隔離起來的念頭奮戰，防衛自己不要落入無助的恐懼（失去所愛之人的無助），以及存活下來的罪惡感和恥辱。

我的癮症一直在向我招手，隨之而來的孤立也想把我拉回去。但是我打贏了多數的拉扯爭鬥。「我做得到的話，每個人都做得到。」這句話或許聽起來很八股，卻是我的眞心話。

人性的堅強超乎我們想像——只是一開始我們往往看不到，當然我在自己身上也沒看到。舉例來說，我跟兩個人一起上戰場（他們是才十九歲的孩子），他們是我看過最不堪一擊的士兵，什麼都要抱怨，我覺得他們連一場仗都撐不過去。但交火三十多次後，他們還屹立著，跟我和最強悍的人一起戰鬥。往往要到了生死關頭，才知道我們有多麼堅強。儘管過去的信念揮之不去——我「知道」我活不過二十六歲，我「知道」我這輩子就是個毒蟲，我「知道」我永遠無法戒掉海洛因，我

「知道」我應該死在戰場上——但最後證明我錯了。我確實走過來了。我們都能走過來，從而發現自己有多勇敢且充滿韌性。

羅蘋・賓恩：悲傷如何變成凝聚的力量

羅蘋・賓恩創辦了太陽會升起基金會（Sun Will Rise Foundation），這個非營利組織致力於解決藥物濫用相關的問題。基金會分享尼克・賓恩（Nick Bean）的人生故事給學生、父母和其他社群成員，協助知識教育、提升防毒意識。不幸的是，儘管羅蘋的兒子尼克的復原看似順利，他卻因爲一次意外用藥過量而猝死。羅蘋透過基金會，把喪慟轉爲促成好幾個悲傷支持團體，協助親友死於用藥過量的當事人。除了主持太陽會升起基金會，她也是家族事業休士頓保險公司的合夥人，這家公司位於麻州的布雷恩垂。

兒子的死讓我陷入孤立

我兒子尼克的死完全出乎意料，他那時才二十歲，死因是用藥過量。我的世界跟著毀了。但發生這麼悲慘的事，爲什麼其他人的世界可以繼續運轉？

別人笑著過日子或抱怨天氣的時候，我則蜷縮在沙發上，不知道少了心愛的兒子以後要怎麼活下去。我的心臟像是無法好好跳動，我也不能深呼吸。我一再回到那天早上，發現他沒有反應，想把他救回來，我放聲大哭，跟其他失去孩子的母親一樣。我本來是一個拚命三娘，現在卻成了一個空殼子，每天哭個不停，什麼都不想做，不想跟其他人互動。我知道，因爲失去兒子，我再也不是從前的那個羅蘋了，我的人際關係也經歷很大的改變。

我認識的人都沒有失去孩子的經歷，這是全新的領域。強烈的悲痛以及對兒子的想念，幾乎快把我給壓垮。我變得孤立，因爲我不想面對沒有這種經驗的人。而且大家都不想跟一個一直在傷心的人在一起，對吧？我爲什麼要出去，聽別人談論他們的快樂家庭呢？

我孤立自己，因爲我是一個「可憐的傷心母親」，別人會看著我，感謝上蒼他們不是我。兒子死於用藥過量而我救不了他，我覺得每個人都在對我指指點點，所以我只想要一個人。家人朋友不喜歡看到我這樣子，所以他們會想矯正我和鼓勵我。可惜在剛開始的那幾個月，我相信自己無法好起來，當然也沒有那種心情去相信我有可能好起來。

第一個我敢去求助的人

我找了一位悲傷治療師，因爲我們家確實需要幫助。我知道我很痛苦。我有丈夫、女兒，跟另一個兒子。尼克排行老二。我知道他們也很痛苦，跟我一樣難過，但我們無法幫忙彼此，因爲我們悲傷的方式是如此不同。我需要一直提到尼克的事情。我需要把他最喜歡的東西放在身邊。我丈夫則是把自己封閉起來，看到桌上有尼克的東西就生氣，連尼克的名字都不想聽到。

治療師處理了我們的溝通問題，也想了一個很棒的方法：我可以把尼克的東西放在桌上的箱子裡，不需要攤開來，那麼我丈夫就不需要每天都看到這些東西。但我想要的話，可以隨時打開箱子翻弄。她幫我們解決了一個難題，在其他方面也讓我們收穫良多。她讓我自由地討論尼克還有他的死亡，鼓勵我透過言語表達我的恐懼和焦慮。

臉書上的朋友向我伸出手

朋友和家人心存善意想要幫我忙，我很感激。幸運的是，有位朋友透過臉書讓我認識了另一位悲傷的母親。這位女士的兒子也死於用藥過量，比尼克早一點。儘管我還不想跟別人多說什麼，我仍然邁出了這一步，開始跟她聊天。我們的第一次談話，正是我克服孤立的轉捩點。

卡蘿爾跟我很快接上線。我們什麼都可以聊，連孩子死去的事情都可以談。我們聊的內容或許會讓別人認為我們需要評估心理健康的問題。但我覺得跟她說話很安心。有她陪伴是一種福賜。我可以在電話上不斷哭泣，她會在另一頭聽著，不會叫我停下來。

我們的孩子葬在同一座墓園裡，那也是我們第一次見面的地方。我們擁抱彼此，哭了起來，緊緊相依。不論卡蘿爾跟我認識的時間有多長，在這個世界上，她永遠是我心裡最特別的人。她為我打開了不同世界的情感連結。

遇見其他悲傷的家庭

認識卡蘿爾之後，我又在臉書上與另一位經歷喪子之痛的母親成為好友。她經常傳來「親手遞送的希望」（Hand Delivered Hope）這個社團的訊息。當時他們是一個非營利組織，每個月在街上幫助有癮症的遊民，提供物資、支持和治療資訊。看到幾次發文後，我問我妹妹瑪西願不願意跟我去送東西。她同意了，而參與這個活動是一次非常棒的體驗。

志願參與者都曾受過藥物濫用的影響。他們的孩子、家人或朋友或許正在復原，或許還沒脫離癮症，或者已經過世。他們都了解這種問題，也了解我的心情。雖然尼克從未淪落街頭，但是對街上那些別人的兒女伸出援手，讓我覺得很感動。我眞不敢相信有這麼多無家可歸的人！我很樂於讓他們知道有人愛他們、關心他們。後來我們每個月都去幫忙送物資。

這件事讓我覺得我又有了目標。我體會到幫助別人也可以幫自己。當我覺得自己堅強了一點以後，我找到一個悲傷支持團體，主題就是藥物濫用致死。主持人很棒，名叫朗達・洛蒂（Rhonda Lotti），地點在麻州的布萊頓，離我們家有一段車程。但在那裡我找到很多同伴。能夠與他人產生情感連結，敞開心胸與經歷過類似悲劇的人對談，眞的很療癒。朗達是我的導師兼朋友，她讓我知道我也可以在住處附近成立自己的悲傷支持團體。我永遠都感謝她。那時候我也參與一個臉書上的支持團體，成員都是孩子因爲藥物濫用而喪生的父母。認識這些父母以後，我找到了我想要擁護和支持的力量。

以支持團體創造更大的社群

尼克過世七個月後，我在麻州的布雷恩垂成立了以藥物濫用爲主題的悲傷支持團體，取名叫「太陽會升起」。尼克過世不久，我找到他的筆記本，封面上寫著，「要快樂。太陽會升起。」我很喜歡他留下的這個訊息，以此爲眞言，它也正好適合做爲團體的名稱。後來我詢問市長我們的團體能否使用市政廳的場地，他舉雙手贊成。

第一個晚上，只來了八個人。而現在我們在三個城市裡每個月都會舉辦聚會，成員超過一百六十個人。我很開心認識了許多人，而且能夠提供支持給這麼多人。看到其他地方歡迎我們的團體，提供我們需要的各種協助，讓我們備受鼓舞。有些市鎭的消防隊和警察局還發送我們的團體資訊，讓悲傷的人能找到我們，知道他們並不孤單。

「太陽會升起」擴編成非營利基金會，我們希望能爲人們的生命帶來轉變，讓他們走出喪親後的孤立。我們針對藥物濫用提出防治、教育和提高憂患意識的各種方法。我們舉辦了大型募款活動，也舉辦音樂節慶祝復原、加強大眾意識、減少汙名化，以及紀念尼克和所有因藥物濫用而喪命的人。

看到老朋友（尼克去世前）和新朋友（尼克去世後）都來參加音樂節，一起享受現場表演，我覺得很滿足。有些朋友只認識新的羅蘋，永遠不會認識舊的羅蘋，但沒關係，我開始了新常態，我知道當我有需要的時候，我可以向任何人求助。

給克服孤立者的建議

一、幫助其他人。大家都需要你。或許這會跟你過去幫助別人的感受不一樣，現在有一群人可以接受你的協助。即使你內心覺得脆弱，有機會的話，就去當志工吧。哪裡都可以！你會碰到新朋友，你會得到成就感。朝著同樣的目標努力時，人與人更容易建立連結。

二、參與支持團體，認識有相同經歷的人。我自己組織過支持團體，我可以告訴你這眞的不需要花太多腦筋。勇敢一點，踏出去，加入團體。如果覺得太難，第一次參加時可以帶著你信任的親友。當你看到其他人經歷同樣的掙扎，看到他們的生命進程，眞的會很有幫助。反過來說，在你加入一段時間以後，後來的成員也可以向你借鏡。

三、向外求助。在我們的團體裡，有位成員來了一陣子，然後又開始孤立自己。我主動去找她了解原因，後來她才願意說出自己的醫療問題跟財務壓力都很嚴重，所以覺得難過和孤單。她不想把自己的問題變成別人的負擔，因爲大家都很悲傷。結果，猜猜發生了什麼事？我們同心協力爲她募款，幫助她度過難關。她以爲沒有人幫忙，但是只要開口，別人就會採取行動。總共來了一百五十個人，讓她知道她並不孤單！

四、倡導和自我倡導。你爲什麼會陷入孤立？死亡帶來的悲傷？醫療問題？意外？你又要怎麼幫助可能會遭遇同樣問題的人呢？把想要改變現況的人拉進來一起努力。熱情可以讓大家聚在一起，當你們一起發聲時，就會加深彼此的連結。一起爲更好的事努力，絕對能建立起好的情誼。

五、相信，就對了。你要相信自己應該離開沙發走出去，這個世界少了你的積極參與，就沒有那麼美好。後來我終於相信了，也明白只要我走出去，就可以做更多好事。我不需要遠離人群。我知道，每次我「走出去」，把大家聚在一起，尼克都與我同在。

第六章

疾病和照顧：建立支持社群

當我們必須爲了生存苦苦奮鬥時，找朋友、「走出去」、建立人際連結都是困難的事。如果加上慢性病或身體耗弱，就更容易深陷孤立的泥淖裡，以及隨之而來的財務問題和社會成本。美國退休人員協會研究導致社會孤立的因素，結果顯示，五十歲以上的人最常因爲疾病和失能而面臨孤立處境。

幾年前，身爲一個快要滿六十歲的單身女性，我的身體病症還不足以申請殘障給付，所以我必須繼續全職工作，可是我實在應付不來。我試著說服自己慢性結腸炎（跟其他自體免疫疾病）「沒有那麼糟糕」，跟其他人相比我還算不錯了，我逼著自己要努力打拚，而且要做好做滿。爲了生計我長時間工作，已經超出身體的負荷。六十一歲那年我進了醫院，原因是結腸炎發作還有其他感染，體內必要的營養素、電解質和其他礦物質嚴重缺乏，而症狀則是吸收障礙、脫水和嚴重的肌肉痙攣。我的結腸內膜無法順利吸收身體機能所必需的營養素。在幾次可怕的警訊後，我必須在六十二歲提早領取社會安全退休福利，減少工作量。爲了健康，我必須犧牲賺錢。孤單、覺得羞愧以及經濟問題導致的醫療弱勢，讓我對自己和他人的狀況有更多同情與理解，尤其是同樣罹患慢性病的朋友。參加慢性病友的支持團體是我建立人際連結的重要一步。

很多慢性疾病從外觀是看不出來的，別人不知道我們每天都在掙扎。我們或許看起來有點蒼白、疲累或無精打采，但我們保持微笑、振作，並且努力賺取溫飽，以及不讓別人抱怨我們的工作效率。有時候他人並不知道罹患慢性病會讓人感到多麼孤立。社會對於健康的人有一套期待和標準，尤其在職場上（疾病也會影響生產力，但我們拿不到殘障福利），所以我們擔心會讓別人失望，更糟的是因此失業。但就算我們退休了，也會擔心對另一半、家人和需要我們的朋友沒有盡到本分。健康的人往往不知道，我們就是跟不上他們。

慢性疾病會讓人覺得孤單和被排除在外。很多慢性病患者確實遭到排擠。我們經常害怕自己錯過了什麼；我們也不斷告訴自己，必須停止跟其他人比較！當然，減少開支、工作量和活動量都會影響社交生活，孤立的惡性循環就像一道讓人跌落的斜坡。雖說如此，我仍然找到四位很棒的女性做為本章的主角，她們非常了解疾病會讓人變得多麼孤立。其中三位的年齡介於三十到五十五歲，她們因為生病而感到羞愧，從而落入孤立的處境。在她們的故事裡，我們可以看到分享彼此的經驗就足以消除她們的羞愧感。這幾位勇敢的女士也都深深體悟到，深度的對話、說出自己的故事、支持團體（線上和線下），以及找到目標和使命感，是打破孤立最重要的推力。

安妮・布魯斯特醫生：用我們的故事克服孤立

安妮・布魯斯特是波士頓麻省總醫院的執業醫生、健康敘事協作的創辦人和執行董事、哈佛醫學院的助理教授，二〇〇一年罹患多發性硬化症。她在二〇一三年創辦了健康敘事協作。

健康敘事協作這個組織的信念是「說故事有益於健康」，研究結果也支持這個說法。透過直接的服務計畫，該組織致力於讓病患和家屬有能力建立支持社群、增強病人與醫療提供者的連結，最後則是透過說故事來改變整個醫療照護體系。此外，他們的計畫是用說故事的方式來處理真實世界的問題，例如鴉片類藥物氾濫，從而推動社會改變。

安妮的工作成果已經被刊登在 WBUR CommonHealth 部落格、NPR.org 網站、《紐約時報》、Well 部落格、《波士頓環球報》、多發性硬化症基金會雜誌等出版品。她上過《哈佛醫學院》（*Harvard Medicine*）雜誌，也上過珍妮・布萊克（Jeanne Blake）主持的有線電視節目《關於健康》（*About Health*）。二〇一四年，她到 TEDxFenway 發表演說。

我怎麼會認識布魯斯特醫生

我的朋友芭芭拉・歐森之前在麻省總醫院擔任社工師，她邀請我去參加安妮・布魯斯特醫生組織的說故事計畫。芭芭拉訪問我，錄下我的故事——我罹患的慢性病是淋巴球性腸炎，一種發炎性腸道疾病。我被問到這種疾病如何影響我的工作、社交生活、財務狀況和體力，我也認眞分享了這個病症如何讓我陷入孤立。我的五分鐘故事和其他幾百個病患的故事，在醫院的醫療分享站播放。不論是患者還是職員都可以聽到我們的故事，了解我們怎麼跟疾病共處，不論情感、心理、財務、社交等各方面。

二〇一六年初，布魯斯特醫生要爲醫院的醫療分享站活動揭幕，我去聽她演講，事後芭芭拉就把我介紹給她。能見到她本人我非常興奮，她爲數百位病患打造了這個創新且全面的療癒行動。

她的訊息讓我備受鼓舞，我了解到說故事可以克服疾病帶來的孤立，而我們需要有對話的時間，才能分享我們的故事。聆聽、給別人空間訴說他們的故事、彼此學習，我們可以從中找到自己的聲音、建立社群、從孤立中走出來。

了解布魯斯特醫生的計畫和她的使命後，我加入她的任務，把我的寫作貢獻給健康敘事協作。一個全新的連結帶來另一個全新的回應，現在我們有一群開拓者，共同打敗了孤立慢性病患的力量。

後來我終於有機會跟布魯斯特醫生深入對話，傾聽她因爲多發性硬化症而面臨孤立的那段經歷。下面就是她的故事。

因爲覺得羞愧而感到孤立

被診斷出多發性硬化症後，我實在無法面對這個事實。帶著深深的羞愧感，我把自己孤立起來。

我還沒有做好心理準備要接受這個無法治癒的疾病。我向來意志堅強，覺得任何困難都可以克服，可是現在我卻束手無策。我的恥辱是，就算我自己是個醫生，是治療別人的人，卻無法治療這種病。這一點動搖了我的自我認同。我覺得接受診斷結果就是一種恥辱，彷彿我放棄了。我很生自己的氣，因爲我不能打敗病魔。所以我一直活在否認中。

我不希望別人把我當成得了不治之症的病人。我擔心別人會認定我有病，或特別強調我生病了。他們或許會覺得我失敗了，我很脆弱。我不希望別人覺得我可憐。有五年的時間我什麼都不敢說，只告訴我的家人跟最親近的朋友。我甚至羞愧到無法參加支持團體。

從病人的故事裡學習

我很好奇我的一些病人是怎麼對抗疾病的，尤其是多發性硬化症這種慢性病。我想向他們學習，不光是他們面對疾病的方法，還有他們在面對挑戰之際如何過著充實的正常生活。他們如何不讓疾病控制他們的人生？他們怎麼保持希望，繼續走下去？

我邀請病患告訴我他們與疾病共處的生活。我的最終目標是與面臨相似處境的其他病患分享這些故事，爲所有人減少孤立的感受。這麼做的同時，我發現自己的孤立感和羞愧感都消失了。透過這些故事，我開始相信說故事的力量——病患們如何看待自己的人生故事。這個啓示是我克服孤立的轉捩點：每個人都能掌控自己的故事。我們可以把疾病看成力量，不需要覺得羞愧。

我領悟到如果我想要療癒自己，我就得分享自己的故事。

我深受許多故事鼓舞，所以創立了健康敘事協作。我們的各種計畫有一個共同目標，就是給病患、家屬及醫療提供者分享故事的機會，帶來療癒的可能。麻省總醫院的醫療分享站只是其中一個計畫。我們也有線上的故事圖書館，也會舉辦實體的說故事活動，用說故事的方式來提倡社會改變，最近我們則把焦點放在消除汙名化，教育大眾有關鴉片類藥物氾濫的資訊。

我深深相信，說出自己的故事不只可以讓我們覺得不那麼孤單，也可以向彼此學習如何從疾病中找到生命的意義和目的。

克服孤立的收穫

- 把疾病視爲一種力量。疾病讓我們變得更堅強，不要覺得羞恥。
- 每個人都不完整也都很脆弱，所以人類才會這麼複雜。
- 敞開心胸可以讓你與其他人產生深刻的連結。
- 這是一個漫長的過程，要花很久的時間才能學會與疾病共存。沒有正確的方法。不要因爲否認就責怪自己。你有否認的權利。接納你自己的過程。

- 每天都是新的一天，總是有希望。不管你在哪裡停下來，你都可以再度起步，繼續努力下去。

艾莉・卡謝爾：打破沉默

艾莉・卡謝爾寫了一本書《沉默的痛苦：在否認的年紀罹患慢性萊姆病》（*Suffering the Silence*），她是「沉默社群之苦」的共同創辦人兼總裁，這個非營利組織致力於利用藝術、媒體和說故事的力量讓大眾理解慢性病患者的生活經驗。

艾莉深受萊姆病之苦長達十六年，但她身邊的醫療照護者基本上不願意承認她的病症是傳染病造成的結果。在她的著作和演說中，艾莉生動地描繪世界各地的慢性病患的景況，以及他們如何努力獲得認同和適當的治療。隱性殘疾患者的痛苦總是不被醫生重視，甚至連家人和朋友都難以理解；疾病帶來的社會影響跟疾病本身一樣，都會造成嚴重的損害。艾莉從個人的角度提出發人深省的呼籲，針對遭人誤解的慢性病，希望能打破汙名和無知。她也爲患者提供了希望和撫慰的訊息，鼓勵他們分享自己的故事、尋求治療，並提醒他們並不孤單。著作出版後，她接著成立沉默社群之苦，過去幾年來有三萬多名患者加入計畫和行動。

創立了沉默社群之苦以後，艾莉受邀到美國各地演說，除了私人的募款活動，也拜訪過醫學院、書店和支持團體，並接受許多媒體採訪。她曾至美國國會論壇（United States Congressional Forum）做過簡報，並且跟芝諾山農場（Zeno Mountain Farm）合辦失能、包容和說故事的工作坊。

透過說故事的力量，她讓個人和組織可以發聲，爲世界創造出積極的改變。二○一三年艾莉從巴德學院（Bard College）畢業，取得寫作藝術的學士學位，現在住在佛蒙特州的柏林頓。以下是艾莉的自述。

疾病造成的孤立，以及我克服的方法

中學最後一年，也是我的萊姆病症最嚴重的時候。我深受神經功能失調和其他嚴重的症狀所苦，使得我常常不能去上課。我必須留在家裡，經常還得臥床，無法像其他同學一樣享受即將畢業的時光。我的病是由壁蝨傳染，但是就連治療萊姆病的頂尖醫生都拒絕我的說法。他們告訴我，我的症狀都是心理造成的，在我聽來「都是我的想像」，因此我一定有問題。後來我懂了，我知道不該談論我的病症，我應該保持沉默。

身體狀況好轉能夠去上大學以後，我不敢把自己的健康問題告訴新認識的朋友，就怕被其他人排斥。別人或許不會相信我的話，或許會覺得我就愛演戲。我不敢說出我的經驗，我把問題全部埋藏起來。我不想去應付告訴別人我羅患萊姆病以後會得到的任何情緒反應。

但在大學時期，一切有了轉機。一名教授鼓勵我把生病的故事寫出來。我開始記錄我遭遇的痛苦，但不久我就發現，要清楚表達和檢視問題太難了，更不用說要跟其他人分享。訪問其他學生並了解他們的經驗似乎還比較順利些。透過私人之間的對話，大家更願意說出自己因萊姆病和其他慢性病而陷入的困境，尤其是情感上的問題。我發現人們很感謝我對他們的故事充滿興趣，願意從他們的經驗中學習。撰寫他們的故事比寫我自己的故事容易多了。透過眞誠的對話，我找到了情感出口和意義，也知道我們並不孤單。在短短幾年內，我們在這些小小的團體裡分享故事和生活技巧，讓我逐漸走出孤立和沉默。

我跟高中最好的朋友艾瑞卡之間也有新的進展。在我爲萊姆病所苦時，她得了狼瘡。儘管我們很親近，什麼都能聊，但在高中時代我們從來不聊彼此的病。雖然我們兩個都爲疾病所苦，卻錯過了互相幫助的機會，因爲我們都選擇保持沉默。我們倆的慢性病經驗非常類似，也都因爲羞愧、社會評價、汙名化及醫生的臨床診斷而把自己孤立起來。

了解到疾病造成的孤立困境後，艾瑞卡跟我開始研究慢性病對各個年齡層的人有什麼影響。在美國有一億三千三百萬人罹患慢性疾病，而多數都是默默承受痛苦。我們覺得應該成立一個網站，在線上訴說我們的故事，就算生病在家無法行動的人也可以分享自己的經歷，彼此勉勵學習。我們把網站命名爲「沉默之苦」（Suffering the Silence），一上線後，就好像防洪閘門被打開了，很多人急著說出他們的故事，因爲有許多共通的原因會讓人選擇沉默。網站的成功鼓勵我把經驗成書，也讓更多人走出自己的保護殼，把他們的故事告訴我。

虛擬和實際的連結

我認爲數位時代和社群媒體會讓人陷入孤立，卻也可以幫助我們走出孤立。從消極面來說，在社群媒體上我們只會看到別人生活最精采的時刻，而不是全部的眞相，不是那些日復一日的眞實生活。看到朋友飛到峇里島渡假，而我們卻呆坐在沙發上，籠罩在黑暗中，很容易就讓人覺得被孤立了。要在網路上分享眞實的自己是很大的挑戰，因爲相互比較會讓我們更容易受到評斷、汙名化和感到恥辱。

但我深信，像沉默之苦這樣的網站和機構可以給我們力量，在網路上分享眞實的自己。艾瑞卡跟我是網站的共同創辦人，我們說出自己的故事，創造一個開放的環境。人們可以在網站上發布個人生活的真實經驗，包括他們的失去、錯誤、成功和累積的智慧。更棒的是，在網站上發文後他們會得到很多支持及充滿愛的回應。線上分享可以幫助人們建立起社群連結。

舉例來說，我發布了關於罹患萊姆病的文章後，五年前認識的人連繫上我，說他們很希望當時就知道我的痛苦。突然之間，很多人再度出現在我的生命裡。

在線上敞開心胸訴說自己的脆弱，得到的回應和效果往往令人訝異。能夠把自己最脆弱的經驗寫出來非常重要。寫作提供一個讓我們抽離這個過程的方法，從安全的距離觀看自身的體驗。我們會變得比較客觀，有機會看到不同版本的自己。有時候在線上分享自己的故事，感覺比面對面訴說更安全，因爲其他人的回應或許會讓人有些尷尬，而在眞實生活中我們經常會想要避開那樣的尷尬情境。在大多數輕鬆的社交環境裡，也比較難分享自己的脆弱與眞實的感受。當我們覺得被孤立時，要在日常的簡短對話裡說出自己的感受並不容易。

但在網路上看到別人的故事時，我們有時間思考沉澱，在回應時可以更有同情心，更能夠同理對方的感受。在網路上大家更放得開，觀看的人可以多想一點，也多花一點時間來回應。

話雖如此，我們仍然需要面對面的接觸機會，加深我們的社群體驗。因此，沉默之苦現在也會舉辦避靜活動。我們從三年前的一年舉辦一次，到現在已經成長到一年兩次，一次在洛杉磯，一次在佛蒙特州。我們提供四天的避靜，舉辦說故事工作坊，也會請人來演講。在避靜中，很多小事情會讓彼此產生連結感。我們不需要解釋爲什麼要睡午覺、爲什麼採取特定的飲食，每個人都可以用適合自己的方式來照顧自己，不會招來任何評斷。有人一起消磨時間，互相陪伴，甚至談論如何跟疾病共存，都會帶來療癒的力量。在大多數其他的社交環境裡，我們可能會選擇保持沉默；但在這裡，我們創造出自己的社群，我們不會再受沉默所苦。

艾莉給克服孤立者的建議

- 找到分享眞實經歷的線上社群，探討讓人陷入孤立的問題。這可以幫助我們換個角度看待自己的處境，讓我們知道自己並不孤單。
- 很多線上社群也會舉辦實體活動，讓大家有見面的機會。透過這些面對面的接觸，可以建立起社群的情感連結。
- 聆聽他人的經驗，對於他們如何面對自己的處境展現關懷與興趣。
- 找到方法訴說或寫下自己陷入孤立的經驗。

莎朗・波菲提：那些生命中亂七八糟的時刻

莎朗深深體會到，在什麼都難以預料的病痛時刻，一段鼓舞人心的對話可以幫助我們打破孤立。十五年來，她組織並管理了一個非營利計畫，爲巴爾的摩地區的癌症病患與家庭打造更多社群連結的機會。現在她也成立了自己的顧問公司。離婚後，她經歷過孤立的處境，但幫助陷入危機的家庭建立支持社群讓她找到了自己的使命感。下面是她分享的故事。

生命中那段孤立的時光

朋友一家人出門去看表演的時候，女兒被酒駕者撞死，事後我著手設立一個基金，以她爲名建造了一座遊樂場。那個計畫叫做「安妮的遊樂場」，接著因緣巧合之下，我又爲罹癌孩童成立了一個非營利機構。

但在安妮的遊樂場計畫行將完成之際，我陷入人生中最難熬的一段孤立時期。當時我花了兩年多的時間投入那個計畫，管理所有的事情，確保一切和每個人都準備好參加這項志工行動。我的電話一直響，信箱也爆滿。這是一個純屬義務性質的工作，目的是爲了紀念朋友的女兒和其他早逝的孩童。完全沒有任何報酬，但我覺得一定要做。計畫快達成也是最忙碌的時候，我的婚姻也要結束了，我的生命各方面都面臨改變。

遊樂場建造好以後，我離了婚，我必須重建和重新開始新的生活。結果我卻發現，在建造遊樂場的那兩年裡，原本我以爲是「朋友」的人都不見了。我變得很孤單。或許我會陷入這個困境有許多原因，但是我想主要原因是人們不知道怎麼對別人的「混亂局面」伸出援手。他們都有自己的問題，也不想爲我費心吧。讓人哭笑不得的是，在安妮的遊樂場的牆上寫了一句話，「要有朋友的話，你必須先當個朋友。」遊樂場是我給朋友的義務奉獻，但不管怎麼說，那句話顯然不適用在我身上。令人難過的是，在我爲我珍愛的朋友付出了兩年努力之後，在我最需要支持的時候，沒有人挺身而出。我非常失望。

克服那段孤立的時光需要時間。對我來說，答案就是接受，然後保持耐心。我全心投入人生的重建，也與其他人創立了癌症病童的非營利組織。當我看到的人們所面對的挑戰都比我更艱鉅的時候，我就可以暫時忘記自己的挫折，也找到了新的使命。這樣的使命感有很多不同的形式。

在我從孤立中逐漸療癒時，我學會了選擇「更好」的人來當朋友——更懂得回報、慷慨、感激。然而，我也學會要接受別人的界限。我決定繼續打造更美好的人生，不要責怪他人。對我來說，沒有魔法，沒有特殊的團體，只能朝著新的遠景繼續前進。

疾病造成的孤立

離婚後經歷了孤立的經驗，我更能夠體會面臨孩子罹患癌症的家庭有多麼孤立無援。重症患者與其家庭經常會遭到誤解、忽視和不被認同。人們往往不會公開討論疾病，這種風氣直到最近才有所改變。對許多人來說，疾病通常會被貼上羞恥感，討論個人的病症感覺就是不太好。現在有了社群媒體引導社會大眾的對話，對疾病閉口不談的現象終於出現轉機。在網路上與經歷同樣遭遇的人搭上線更加容易了。而過去醫院和醫生多半只關心病情，不會考慮到疾病的各種影響。

身爲病人，我們常在想，「爲什麼是我？實在很不公平，我是唯一一個經歷這種倒楣事的人。」家人和朋友束手無策，不知道該怎麼回應，也不知道怎麼幫忙。或許對雙方來說，最大的障礙在於學會如何溝通彼此的需要，以及如何提供幫助才能眞的帶來支持與意義。否則，病人會納悶爲什麼沒有人可以幫忙，而家人和朋友則苦苦等候，以爲病人有需要的時候就會來找他們。可惜的是，大家都錯過了線索，出於好意而等了太久才採取行動，只因爲我們不想打擾彼此的生活。

如何伸出援手，打破疾病造成的孤立

要治療疾病帶來的孤立感，沒有簡單的答案。當生命陷落的時候，事情可能變化很快，別人不知道該說什麼或做什麼。但是我們可以從告訴彼此怎麼提供眞正的幫助開始。關鍵在於對疾病的熟悉度，好比說像癌症這樣常見的疾病，我們有很多資源可以運用。幸運的是，現在有很多社會團體、支持團體、資訊、指導和工作坊。病患和家屬可以積極尋求支持，因爲有很多人眞心想幫忙。

比較不爲人知、不被了解的罕見疾病，可能問題比較多。碰到這種情況，病患（或病患的父母）一定要尋找可以幫忙的人，也要開口求助。這麼做當然不容易，或許是因爲驕傲，或許是因爲不知道，也可能是不好意思開口。不論如何，有許多專業或非專業的人士只要知道你需要什麼，都願意提供協助。身爲病患和家屬，可以敞開心胸描述自己面對的情境，可以說出自己的故事，不然別人不會明白你的情況，也就不知道你需要什麼。

而當別人願意幫忙的時候，一定要對他們表示感謝之意。感受到你的感激時，很多人都願意再多付出一些。

營造放鬆的社交情境讓人們願意開口聊聊

爲癌症病童和他們的家人安排計畫時，我發現能夠讓父母以輕鬆的社交方式產生連結，往往會產生很大的效果。我們爲學齡前兒童開發的方案是每週舉辦的「上課」。這樣的課程有個很棒的附加效果，就是父母（通常是母親）能自然形成支持團體。他們與有同樣經驗的人分享教養癌童的挑戰。與健康孩童的爸媽相處時，他們往往會覺得很孤單，但在這個團體裡，相處的對象都有一樣的經驗。這就是關鍵所在，而網路的力量又推了一把，我們可以找到更多有相同經歷的團體，他們彼此之間的理解程度超乎其他人。

這樣的活動近來有了長足的進展。愈來愈多的醫療中心都見證了病患彼此學習的價值。我看到支持團體愈來愈普遍，把有同樣經歷的人連結起來，是很棒的療癒工具，在科技推動下也更加容易。

克服孤立的四個要訣

一、**向人求助！**雖然很難做到，但你一定可以找到眞誠的人，與他們一起坐下來，進行一場眞實且誠懇的對話。告訴他們你的感覺（害怕、焦慮、難過等等），讓他們知道，他們提供的資源和協助對你來說非常重要。然後確實說出你需要什麼樣的幫助。對於不知道的東西，別人無從問起。所以如果他們不知道你的感覺或你的需要，並不是他們的錯。

二、別人不一定總是有空，但那不表示他們不想幫你。

三、盡力尋找可用的資源。如此一來你的支持體系會變得更多元也更平衡，你也可以找到理解你處境的人。

四、感恩、感恩、感恩、感恩！經常讓對方知道他們的支持對你來說很有意義。

瑪麗莎・芮妮・李：不確定感帶來的孤立

瑪麗莎・芮妮・李是一位跨界領袖，致力於集合私部門的力量協助處理與解決社會問題。她與各式各樣的機構合作，進行組織發展、公私部門關係策略、應變管理和利害關係人參與。她畢業於哈佛學院，是綠灣包裝工（Green Bay Packers）足球隊的頭號粉絲。她與丈夫馬修住在維吉尼亞州北部，愛犬名叫莎蒂，是「全世界最酷的狗」。

二〇一八年，瑪麗莎推出了一個健康與健身平臺叫做 Supportal，這個網站主要幫助大家把同情心轉爲實際行動，提供指引教導人們如何對身陷苦難的人伸出援手。「當你關心的人面對重大的挑戰時，我們幫助你知道該怎麼回應。」

在推出Supportal前，她在「守護兄弟聯盟」（My Brother's Keeper Alliance）這個非營利機構擔任常務董事，該組織旨在協助男性有色人種破除人生道路上許多不公平的阻礙。她也創立了「粉紅議程」（Pink Agenda）紀念她的母親，這個現在屬全國性的非營利組織是針對乳癌患者，由年輕的專業人士負責募款，與乳癌研究基金會（Breast Cancer Research Foundation）合作研究及照護。

二〇一七年，瑪麗莎被選入烏木雜誌（Ebony）百大有力人士名單，入選的其他人都是她敬佩的社群戰士。

訪問瑪麗莎

與瑪麗莎見面時，她向我解釋說當她因爲生命的巨變而感到無所適從時，生活就變得愈來愈孤立。她連自己需要什麼都不知道，更無法理解自己怎麼會碰到這種事，自然也就無法向別人求助。常見的情況是，人們不知道該怎麼解釋眼前的情況，所以也不會找別人幫忙。面對全新的感覺和經驗，會讓人覺得不知所措，不知道要不要讓別人插手。由於太難承受了，只好先遠離人群，找個可以喘息的空間。

瑪麗莎分享了這種感覺，以及她如何找到出路。

瑪麗莎的故事：不知道該如何是好所以變得孤立

我二十三歲時，我母親罹患多發性硬化症，也被診斷出乳癌第四期。除了父親，我是主要照顧者。同年齡的人都沒有照顧父母的經驗，根本不曉得我是什麼感受。雖然我有很多朋友，他們也願意支持我，但我覺得被孤立了。

由於我不知道怎麼告訴朋友我的處境，加上母親的預後愈來愈糟糕，所以我陷入孤立的泥淖。我該怎麼說出口？爲什麼要告訴朋友這麼讓人難過的事？如果我連自己需要什麼都不知道，我怎麼請他們幫忙？

那時候母親的需求是第一優先。常常我跟朋友約好了，卻在最後一刻因爲精疲力竭或母親健康狀況不佳而取消。我深感罪惡和矛盾，不知道怎麼好好跟別人說。母親的情況總是說變就變，我經常要放棄跟朋友的計畫和排好的工作。二十出頭的時候，我的情感還不夠成熟，也不知道該怎麼用言語表達母親的困境或我的需求。

幸運的是，我跟朋友的母親有過一次眞誠的對話，她是一位心理學家。我把照顧媽媽的事情都跟她說了。那次聊天非常有建設性，改變了我的觀點，讓我能夠表達出我需要朋友和社群提供什麼樣的幫助。她建議我誠實告訴朋友們我媽媽的健康狀況愈來愈差。我必須讓他們知道我的計畫可能每天都會變，因爲母親的狀況起伏不定，我需要他們理解我無法維持承諾。結果事實證明，敞開心胸說明我的照護角色，反而能夠維繫健康的友誼，也讓我得到支持。面對母親生病的危機，朋友和同事們就不能對我抱持與過去相同的期待。

說出眞實情況讓我大大鬆了一口氣。想要過著「正常」的社交生活，同時又得承擔照顧母親的重任，眞的讓我變得很孤立。我擔心自己無法陪伴朋友，但他們表示，了解我面對的挑戰後，他們都願意支持我。

請記得要把你面臨的困境說出來

當我們因爲疾病而導致生活陷入不確定或混亂時，及時把自己的情況告訴朋友，是避免感到孤立的一個方法。「我現在的狀況就是如此」，讓他們知道我們發生了什麼事。我們或許不知道接下來會如何，也無法規畫長遠的未來，但我們可以鼓勵別人在這個過程中提供支持。此外，我們不一定需要別人的幫助，但一定要讓他們知道我們的處境改變了，或我們的角色不一樣了，所以我們可能無法遵守之前的承諾，例行的事務也會中斷。在不確定的時候，讓別人知道我們的狀況，可以避免我們落入會讓人覺得孤立的罪惡感。

要請人幫忙，就必須具體

在我建立支持社群的過程中，第二次的突破性進展發生在母親臨終前的幾個星期。當時不論各方面我都很需要幫忙，但我發覺我必須具體說出我的需求，別人才知道該怎麼辦。朋友跟室友都自願幫忙，但我得想清楚他們可以怎麼幫我。我必須提前規畫、委派工作、把事情分成小步驟，讓每個人都能找到自己的角色。

我必須坐下來仔細思考我的需求，擬定策略請朋友分工協助。每個人都可以按其所長伸出援手。對願意幫忙的朋友，我分派了不同工作，在母親快過世的那幾週，我得到很多人的支持。每個人都可以貢獻心力，他們也幫得很開心。

規畫母親的喪禮時，有更多朋友加入了。有人研究了器官捐贈的方案；有人幫我準備了防水化妝品（免得眼淚弄糊了妝）；有人幫忙準備告別式要用的印刷品；有人負責安排喪禮的流程。

我發覺一旦有適合的角色，大多數人都很樂意幫忙。而如果朋友不確定該怎麼幫忙，就可能會退縮不前。

爲什麼有這麼多寂寞的人

即使有人支持，有些事我們還是說不出口。我們就是不想解釋自己的情況。那太費力了！要告訴其他人這麼令人難受的事，例如親人就快要過世了或其他的壞消息，都會讓人覺得心力交瘁。我們不想讓別人煩惱，所以我們選擇不說，於是便走上了孤立之路。

說出讓自己陷入黑暗的事情感覺很冒險，如果沒有找到適當的對象分享內心的脆弱，我們就會帶著自己的故事走入孤立。不是每個人都有同情心，或知道該怎麼表達同情。不是每個人都懂得聆聽。當我們鼓起勇氣說出自己的困境，對方卻不能理解或無法同情時，只會讓人更失落。

另一個我認爲會讓我們變得更孤立的原因，就是得不到教會或其他宗教團體、鄰居或親友的支持。就是沒有人有時間聽我們說說話，陪我們坐下來討論各種重要的問題。

爲了對付孤立這種社會流行病，我跟朋友潔姬推出了 Supportal。Supportal 的目標是確保一個人面臨改變生命的挑戰時，他們的朋友們知道該怎麼幫忙。我們提供一個空間給大家閱讀及分享故事和各種難關。我們把這些經驗故事和適合的產品、商品和服務包裝在一起，你可以買給碰到類似處境的人。我們讓關心別人變得更容易，因爲你可以知道應該爲身處困境中的朋友做些什麼，以及如何表達關切。我們的線上社群讓大家可以分享問題，開啓對話，說出原本說不出口的事情——把同情心化爲眞實的行動。

簡言之，Supportal 這個網站是爲了幫助大家知道如何互助，讓我們不會因爲擔心說錯話或做錯事而讓彼此感到孤立無援。

第七章

覺得不一樣：建立歸屬感

接下來的三個主角將探索「覺得自己與別人不一樣」或「邊緣化」所造成的孤立。由於自身特殊的狀況或經驗而遭到誤解、評斷或拒絕，多數人會覺得自己變成邊緣人或與別人格格不入。舉例來說，具有比同儕更出色的天份或才華的人，可能會被當成是一種威脅；從小遭到虐待的孩子，因爲缺乏愛與支持的家庭，往往會覺得自己有所缺陷；學校裡其他的孩子都來自更富裕的家庭，我們會覺得被排斥了；被深愛與信任的人背叛了，我們會豎起保護罩，拒絕親密關係。

汙名化、背叛和被遺棄都會導致我們走上孤立之路。即使是所謂成功、適應良好的成人，遭到信任的朋友或家人背叛，甚至是被欺騙、忽視或虐待，都會產生一種疏離感。爲了自我防衛，我們會築起保護牆或戴上冷漠的面具，起碼讓自己看起來很正常，實際上卻與別人保持著「安全」的距離。

我訪問了三個背景完全不同的人，探究這種自覺像個局外人的感受如何造成人們陷入孤立。凱倫住在緬因州，家境不太好，父親無法工作。她在高中時參加演講比賽，表現出色，結果卻是落得孤單絕望。莉兒是外交官的女兒，成長過程看似幸運又優渥，卻曾遭到父親性虐待，而且有二十年的時間不敢對外求助。摩娜是蘇格蘭人，雖然她擁有溫暖友善的人際關係，但心中卻有一片看不見的「玻璃牆」保護自己不受傷害。他人的冷漠可能會傷害我們，一次又一次，就像上千個小傷口，即使是高成就的人還是會因此覺得孤單。所有這些加起來就造成一種疏離感，也就是自我壓抑形成的孤立。

但接下來介紹的三個人物都找到了走出孤立的方法，我很高興能分享她們的故事，看她們如何創造歸屬感，讓自己可以再度信任他人。

凱倫・彼得：比別人優秀而覺得被孤立了

凱倫持有社工師證照，主要服務患有精神病和心智障礙的人。她也是經認證的癮症諮詢師，曾在猶他州酒精中毒基金會擔任計畫負責人。在猶他州住了十六年後，她回到家鄉緬因州，協助罹患失智症的母親和照顧妹妹，她妹妹因為何杰金氏淋巴瘤即將不久人世。多年的照護經驗以及失去家人的痛楚，讓她對心靈關懷服務產生興趣，二〇〇七年，在緬因州神職機構受訓後，她被任命為靈性導師。工作之餘，她喜歡登山和探險，熱愛緬因州岩岸的荒野。她跟兩隻狗和一隻貓住在波特蘭一帶，並積極參與維護所在地的野生動物棲息地，六十多歲的她是一名單身的女同志，經常參與同志族群相關活動的志工。以下是她的自述。

我經歷過的孤立

我是六個孩子裡的老么，大哥比我大二十一歲。我從沒見過大哥，只看過家中牆上掛的照片。他六歲時在自家車道上騎腳踏車，一輛油槽車開進來的時候，駕駛沒看到他把他給撞死了。雖然我沒見過他，但他的死對我們家影響很大。

大哥死後不久，父親嚴重中風，在床上躺了好幾年。等到終於能下床了，他左半邊的身體卻癱瘓了，走路一跛一拐，讓人看了就會想起他經歷過的創傷。他一輩子就得拖著這樣的身體，而只受過小學教育的他也找不到能養家的好工作。這種情況對我們家是一個沉重的負擔，但對這些苦難閉口不提尤其阻礙了我們對生活的感受。我們不懂得怎麼與彼此連結，感受不到信任、安全和生命力。我們只學會生存。在這樣的生存模式下，從小我就必須習慣孤獨。

創傷會讓人陷入孤立，沒有被處理的內心感受隨時都可能跳出來。此外，我也深深體悟到跟其他人不一樣，好比說你特別突出的話，同樣會讓人陷入孤立。我從三、四歲開始，想法跟感覺就與眾不同，跟家人比起來，我對這個世界的好奇心強多了。我總是有不一樣的看法和意見，比其他人看得更深更遠，但是這個特質讓我在成長過程中更加孤立。我表現得不像其他的女孩，大家都覺得我像個男孩子。然而，我學會觀察周遭的狀況，盡量想辦法融入人群。我善於依據別人的行爲和感受來調整自己，以別人的需求爲重，卻忽略了自己的需求。我一直在想如果我可以成功，變得正常，說不定我就再也不會落入這種折磨人的孤立感。我可以融入更大的世界，適應得很好。

八年級的時候，我在劇場表演，沒有家人跟朋友支持，他們都不會來看我的演出。後來進了高中，我堅持繼續表演，並參加一個叫做「長矛演說」的演講比賽。我熱愛這項活動，也很開心演出能變成我宣洩的出口。在準備演講的時候，我必須挑選一段能打動人心的文字，呈現的方法要能夠吸引聽眾的注意力。我獨自練習和潤飾我的演說稿，專心磨練我的技巧，反覆演練直到完美爲止。

比賽接近的時候，我熱切地告訴家人和幾個朋友，我將會在演說活動中有段個人表演，我把活動日期、時間和地點都告訴他們。

那天晚上，我贏了比賽。我很激動也很興奮，但搜尋底下觀眾的面孔，我發覺沒有一個我認識的人在場。在這個意義重大的晚上，看不到我的家人跟朋友。我站在舞臺的聚光燈下，接受眾人的掌聲和第一名的獎品，但我生命中有意義的人都不在乎，沒有任何人出席。

活動結束後，贏了比賽的我覺得焦慮，在雪地裡走了很長一段路，想找到朋友的車子，在覆蓋白雪的擋風玻璃上寫下我贏了。但即使如此，卻無法帶給我任何滿足感。

那天晚上我學到了一個很痛苦的教訓，那就是人生中需要有支持的力量。不論勝利或失敗，少了他人的支持，生命就沒有價值。即使我很開心我成功了，但若沒有人可以分享這份榮耀，我也不會快樂。如果成功對其他人來說沒有意義，那我爲什麼要追求成功呢？

沒有人可以分享生命中的重大成就，讓我體會到不同的孤立感，我心中充滿怒氣，我發現自己就算成功了，也無法得到渴望的情感連結。每個人都需要與他人連結才能分享生命中的苦樂，不然這個世界會變得很寂寞。

我常常在想，要是我更有說服力，堅持大家都要來聽我演講，會有人來嗎？如果我更強調那天晚上有多重要，會不會結果就不一樣呢？爲什麼我愛的人不認爲我的演講比賽值得他們花點時間來參與和支持呢？

幾天之後，我試著告訴家人朋友這次的勝利對我來說有多重要。可是因爲他們不在場而且理解有限，所以給我的鼓勵也不多。後來我很不情願地進入區域的決賽。我又一次告訴大家日期、時間和地點。又一次，沒有人來。我贏得了區域比賽的第三名。這是我最後一次參加演講比賽。在那之後，我再也不肯參加任何表演或比賽了。

過去三十年來，我把這個故事說給很多心理治療師聽，但他們都不明白這種孤單的體驗（獲得勝利卻無人支持）對我長期以來的憂鬱和孤立是很重要的因素。他們跟其他人一樣不在乎這件事。因爲贏得比賽具有正面的意義，所以他們沒有探究這樣的成功卻也帶來了破壞和孤立。他們沒有提出問題，也沒想到孤單地站在第一名的位子上，就跟獨自經歷創傷和失去一樣讓人感到孤立。

這就是爲什麼我再也不相信「有志者事竟成」這句話，也不相信只要有自信就會看到可能性。相反的，我認爲正面的支持以及彼此的連結，才能讓生命充滿可能性。少了情感連結，再怎麼努力都沒有意義，只會讓人覺得空虛。

是什麼讓我走出了孤立

儘管童年和青春期我都覺得很孤單，但是每當參加教堂彌撒時，我總是能夠感受到眞正的連結。在神聖的儀式中，我覺得自己融入了更偉大的團體，找到繼續向前的動力。那種心靈能量成爲我生活的指引，直到我被緬因州神職機構任命爲靈性導師。我的神職訓練和任命就是一種與社群連結的經驗，我終於找到歸屬感。我被人接納，我的不一樣、創傷和喜悅都能完全「融入」。此外，公開自己是女同志之後，我也找到心靈上的歸屬感；過去在其他團體或神學院裡，我一直覺得自己格格不入。緬因州神職機構爲我的存在、靈魂和本質注入新生命。我的心靈團體帶給我深度的理解，那是每個人在生命最艱難的時候都需要的。

身爲靈性導師，我經常舉辦生命的慶典。在每一場儀式中，參加的人都有機會成爲社群的一份子，感受到歸屬、接納和完整。經歷過重大失去或喜悅的人，都是社群支持的對象，而我很榮幸能夠成爲推手。我的工作就是建立最純粹與充滿屬靈意義的社群，讓需要的人能夠一起參與。

就算生活過得順遂，我們還是無法獨自生存在這個世界上。很多成功人士與名人或許都已經深深體會到這一點，站在巓峰上是很孤獨的體驗，除非我們能夠擁抱社群，得到他人的支持。

給克服孤立者的建議

- 花一點時間，感謝生命以如此令人驚嘆的方式將我們交織在一起。經常在我們最不抱期待的情況下，會獲得出乎意料的支持。
- 觀察動物是如何克服孤立的，從中學習借鏡。
- 跟朋友或家人一起去遛遛狗。跟愛犬在一起，世界也開闊了。
- 參與免費的社群活動，例如教堂的晚宴，或附近圖書館的活動。

莉兒．桑頓：集眾人之力，從受虐中痊癒

莉兒是外交官的女兒，在義大利出生，歐洲長大。她從小就學會了多國語言，住過世界各地。畢業於喬治華盛頓大學，獲得英語文學的學位。之後，她與中央情報局的官員結婚，在印度住了六年。

兒子出生後，她離了婚，搬到加州擔任技術出版品的編輯，這份工作持續了數年。她又到馬里蘭藝術學院學習美術，成爲一位出色的藝術家，作品由好幾家畫廊

代理。她也會寫歌，幾個全國聯播的節目都曾採用她的編曲。

數年前，莉兒寫下一九七三年第一次生產的經驗，文字風格強烈，敘述當時的艱難，還有她差點就撐不下去。在國際瀕死體驗研究會（International Association of Near-Death Studies）共同創辦人的邀請下，她出版了《穿過天堂的門又回來》（*Through Heaven's Gate and Back*）一書，以自傳的方式敘述瀕死體驗，以及生命的轉變。幾位暢銷書作者都很推崇她的作品。莉兒跟國際瀕死體驗研究會合作，除了出書，也發表演說，爲熱愛探索靈魂及深度主題的團體開啓了很多機會。

莉兒現在跟丈夫住在羅德島海邊的小鎭，爲當地醫院的精神病患者提供藝術治療。她也是當地危機求助熱線的志工。以下是她自述的故事。

我的故事

一九五五年，我九歲的時候，我們舉家住在芬蘭，我成爲父親性虐待的對象，斷斷續續一直到我十六歲。這個創傷變成一個慢性的惡性循環，多年來我不斷陷入憂鬱，症狀變得愈來愈嚴重卻未加以治療，直到我二十七歲時終於爆發。我還小的時候，父親叫我要保守祕密，尤其不可以告訴母親，不然結果會很可怕。我當時並沒有想到我可以違背父親的權威，因爲我害怕會發生什麼不好的事，也因爲我覺得很羞恥、很痛苦，不敢告訴別人，而且那時候沒有人提到類似的事情。沒有可以幫助我的資源，尤其我是外交官的孩子，又住在國外。

童年的這個祕密埋藏在我心裡，隨之而來的恥辱與罪惡感在我心中扎了根，就像癌症慢慢占領我的身體、腦袋和心靈。年紀漸長，我愈來愈明白這個禁忌的汙名，於是祕密被埋得愈來愈深，就像碎片造成的膿瘡，影響生命的各個層面。爲了活下去，我表面上看似正常，甚至裝得很快樂，內心卻覺得愈來愈孤立、疏離和孤單，甚至在親密好友面前也一樣，而一切都是爲了保守這個可怕的祕密。我覺得自己跟別人不一樣，我很壞、有缺陷、少了什麼。除了恥辱，我也充滿自我懷疑和無力感，最後變成長期的憂鬱和焦慮。

出乎意料的是，我的韌性和理性讓我有辦法繼續戴著面具過生活，隱藏這些內心的感受，甚至在二十三歲時步入第一段婚姻。接下來的幾年，我跟丈夫住在印度，我的「祕密」和它的效應開始腐蝕我的精神，影響我的婚姻。儘管如此，我還是懷孕了，生下一個兒子，情況確實好轉了一陣子。然而，它持續侵害我的婚姻，我們開始考慮分居。我的情緒問題變得很嚴重，以至於有生以來第一次我想找精神醫生接受治療，那年我二十七歲。我記得那時候印度的心理治療師不多，而且在當時的社會氛圍下，接受心理治療在別人眼中並不是一件好事。然而，我很幸運能找到協助，釋放累積了一輩子的痛苦。我的醫生充滿同情心，願意了解和接納我，我覺得很安全，能夠透露性虐待的細節。那是我生命的重大轉捩點，種下了希望和療癒的種子，讓我朝著復原前進。

這個療程進行到最後，我們打算回美國，也決定離婚，經歷了痛苦的監護權戰爭，我也勇敢對父母提起性虐待的事，但他們全盤加以否認，還說問題都出在我身上。離婚後不久，根據共同監護權的協議，前夫把兒子帶去歐洲，兩年後再讓兒子回來跟我住在一起。我找到編輯的工作，但身心又陷入混亂的狀態，父母的回應以及失去兒子，讓我體驗到深深的孤單和孤立。後來我信任的長官替我安排了轉調，我決定去加州讓一切重新開始。

一九八○年我到了加州以後，才發現所謂的轉調在公司裡已經失效，所以我沒了工作。就這樣，我到了一個新的地方，成爲一個外來者，沒有認識的人、沒有支持、失業、離婚且沒有贍養費、跟兒子分開，還要對抗憂鬱症。我第一次覺得這麼無助、這麼孤立。不久後我找到一位治療師，繼續憂鬱症的治療，還好他跟我在印度的治療師一樣充滿同情心。

我也很快找到一份不錯的工作，帶給我希望和安全感，也開啓了友誼的網路。透過工作，我結交到兩個很好的朋友，她們也正面臨生命的逆境，我有機會可以分享我所經歷的事情。治療一陣子之後，醫生介紹我加入性虐受害女性的支持團體。透過這個團體，我又認識兩個好友，我跟她們會定時見面，也建立了親密的友誼。

其中一個朋友告訴我有個叫做「靈性生活中心」（Center for Spiritual Living）的團體，對她深具療癒與撫慰效果，所以我也去找他們的導師談話。對方是個心胸開闊且富同理心的人，我把過去的事情都告訴他。他表示，雖然我從小受虐留下了許多傷痛，但我的心靈還活著，也具有更強大的力量，只要我能看見它、相信它、對它有信心，讓它進入我的生命。我可以把痛苦轉化成力量，幫助有相同經歷的人，我的人生也會因此改變。他建議我可以嘗試改寫我的人生，找出我的目標，確定我想要什麼樣的生活。我可以把挫敗變成勝利。這次會面是很重要的突破。之後，我加入了靈性生活中心上課，認識更多經歷類似困境的人，我們組成了一個社群。

在這個時期，我也原諒了我的父母。我踏出的每一步都是開展新生活的要件，就像轉捩點和突破點，不論是治療、支持團體、跟同事成爲好友、遇到志同道合的人；我們都走在自己的人生道路上，期待個人和靈性的成長。一九八五年，我讓自己的角色從受害者變成劫後餘生的人，走出孤單與孤立，建立友誼和充滿情感連結的社群。那年的最後一次突破，也是最大的突破，是我跟年輕時約會過的男人重逢。我們在加州共度了一段時光，之後他向我求婚，要我跟他一起搬到東岸生活。

認眞思考後，我接受他的求婚，展開生命的新篇章。我的人生繼續以我從未想像過的方式前進，我也繼續尋找資源，建立社會連結。現在，我們結婚三十年了，我的人生繼續以不可思議的方式開展。

克服受虐和創傷造成的孤立

我認爲很多受虐倖存者會感到孤立，是因爲我們覺得極度羞愧、丟臉和罪惡感，爲發生過的事情責怪自己，無法拋開自我厭惡的感覺。我們不敢求助和透露事情的眞相，深怕別人會避開我們或批評我們，從而導致更強烈的羞恥感。

虐待向來就是一種充滿污名的事，倖存者通常會覺得應該隱瞞自己的經驗。我們常擔心別人會不相信我們。有時候加害者會以可怕的結果來威脅我們，我們只怕一生從此毀了，於是只能活得膽戰心驚。因此很多人背負著恐懼和祕密的包袱，更覺得孤單和孤立。眞眞實實的、有時甚至會威脅生命的力量，讓我們無法爲自己發聲，不能爲自己辯護或尋找療癒的資源，也不想冒險加入團體或尋找伴侶。如果眞的有了伴侶，有可能再現和強化過去的負面感受和信念，而萬一無法相處，我們又會覺得被孤立。大多數人需要治療師、支持者和社工，他們接受過專業訓練，了解創傷（創傷後壓力症候群）、虐待和暴力的動力關係，才能幫我們找回自信，建立關係和社群。

此外，治療師最好能夠運用眼動減敏感及再經歷治療法，這個方法可以幫助病人釋放與受虐相關的情緒，創造出新的空間，找回對自己的愛，才能開始療癒，重建我們想要成爲的模樣。學會愛自己會讓倖存者更有力量，能夠建立健康的關係。一定要先了解治療師的背景，注意自己對治療師的感覺，或至少先跟一個以上的治療師面談。如果覺得不自在、感覺不好或不安心，那就是一個徵兆，應該再尋找其他能夠給我們更好支持的治療師。

處理受虐問題的支持團體也能幫助我們建立安全感和支持感。經歷受虐常會讓人用酒精、藥物、食物或其他方法麻痺自己的痛苦，這些問題也有支持團體可以幫助倖存者與有相同經驗的人組成社群，讓他們覺得自己被了解和被支持，建立起眞實的情感連結。

很多團體是以靈性爲基礎的十二步驟計畫，藉由更高的力量得到復原的支持。這種靈性元素（不同於宗教信仰）對自我賦權和療癒來說非常重要。要建立健康的人際關係，最重要的資源應該就是治療和支持團體。此外，碰到家暴問題的話，務必尋找庇護所、安全藏身處和女性中心等組織提供協助、支持和機會，與其他同樣在爭取自由的受害者建立正面的連結。

社群媒體的影響

首先，我們的生活步調加快了許多，大多數人都要履行工作的基本責任、養家活口，以及在高度競爭的文化中想辦法獲得成就。剩下的時間實在不多了，要以有深度的方式滋養各種關係談何容易。

第二，數位時代也是我們覺得被孤立的關鍵，因爲我們跟各種科技裝置綁在一起，少了面對面的交流。對科技的依賴形成了膚淺且快速的交流方式，只強調表象。我看過書上寫道，年輕人憂鬱和寂寞的程度愈來愈高，因爲他們在眞實世界中的連結愈來愈少。對科技上癮的程度增加，取代了眞實的人際連結，充斥暴力與恐懼的影片，也提升了人與人之間的疏離感。然而，就正面的角度來說，針對共同興趣的線上團體和課程有助於建立社群，志趣相投的人可以隨時分享和討論主題。這些線上連結可以帶來更深層的交流，並且延伸到眞實世界的聚會。

平衡線上和線下的連結會比較健康，讓人不會感到那麼孤單。

建立社群的祕訣

找找看有哪些組織或團體支持的價值觀和興趣跟你一樣，讓你有機會與同道中人建立更深刻、眞誠及支持的關係。舉例來說，我的好朋友都搬走了，有一段時間我覺得很孤單，那時候我發現附近有個每週聚會的女性讀書會，跟我一樣重視也喜歡靈性和個人的成長。我們選的書籍都跟這些主題有關，尤其是琳恩．麥塔格特（Lynne McTaggart）寫的《八的力量：地表最強小型念力療癒場》（*The Power of Eight: Harnessing the Miraculous Energies of a Small Group to Heal Others, Your Life, and the World*）。我們利用這本書的建議，成立自己的療癒團體，我也交了幾位新朋友。

聚會網站（Meetup.com）有很多團體，活動及主題五花八門，有機會與更多人搭上線。我也因此交到了一些溫暖的好友。靈性中心、正念避靜中心和討論團體可以讓我們建立更有意義的連結和支持。此外，各式課程（包括運動課程）有時候也可以提供建立連結的機會。我在 YMCA 的水中有氧課認識了一個好朋友。志工活動也是一種交朋友的機會，尤其如果活動是對彼此都有益處。我透過附近醫院的志工計畫認識一個好朋友。

摩娜・拉塞福：走出玻璃門

我二十一歲的時候住在蘇格蘭的愛丁堡，擔任社區服務志工，而摩娜是我的室友，也一直是眞誠可靠的朋友。四十三年來，我們持續都有連繫，因爲摩娜跟我一樣都很重視友誼。她絕對不會忘記我的生日或節日，一定會寄張卡片和包裝精美的小禮給我，而我卻錯過了很多她的重要日子。

摩娜在愛丁堡大學接受一般護理的訓練，接著開展她的職涯。她後來投入安寧緩和照護，也協助面對喪親和各種創傷的人。這樣的經歷讓她又接受了諮商和心理治療的訓練。一九九五年，她從護理師的工作退休，專心成立心理治療、指導和訓練的私人執業，也在格拉斯哥的史崔克萊大學工作了二十一年。在這段期間，她接受身體經驗創傷療法（Somatic Trauma Therapy）的訓練，把護理和心理治療的經驗整合成全面性的療法。目前她準備慢慢退出個人執業，「給自己空間，思考生命和自然，考慮什麼是最重要的事。我最有興趣的是如何以開放的方法共同創造，每個人都能自由地一起學習，發現自己的志向所在。我很樂意接受改變。」

在我認識的人裡面，摩娜應該是最不孤立的，所以當我知道摩娜對孤立的看法時，我嚇了一跳。我從來不知道她保留的這一面，因爲她總是散發出溫暖和包容。

但在接下來的自述裡，她承認她把部分的自己藏在溫暖和關懷背後，這種壓抑讓她有時候會覺得很難過，因爲她感到孤立，無法全心幫助別人。這種壓抑也是她的保護色，別人幾乎看不出來，卻持續讓她孤立自己。她經歷過背叛和失望，從小就築起一道「玻璃門」，雖然門開著，對她來說仍是一道障礙。摩娜告訴我們這道透明的、光滑的、打開的玻璃門保護她不被人傷害，卻耗損她的靈魂。

有趣的是，她提醒我們，養狗或許會給自我防衛的人帶來一絲希望！她讚美她家愛犬帶給她的喜悅。

人生與餅乾的反思

我發現自己站在一道打開的門後面。那裡很適合躲藏，我可以從門上的玻璃看出去，看見外面那些彼此互動的年輕人。那時候我十二歲。我覺得自己是個隱形人，那種感覺很奇怪卻又讓人安心。我就站在那裡看著。

一個聲音溫柔的女孩注意到我，向我自我介紹，把我嚇了一跳。她是新來的同學。我已經在這所學校唸了好幾年書。她注意到我坐在位置上。她呼喚我跟她一起出去，我第一次在這個熟悉的地方覺得被接納，而且對方還是一個新來的人。

現在，過了五十二年，在團體裡我依然覺得很不安。我常常希望可以找一個讓別人看不到我的位置（但我還是會往外看）。我覺得別人應該不會注意到我的憂慮。我也曾耐心說服自己加入他們，一起歡樂、開心大笑、聆聽、參與。但我還是覺得自己跟別人不一樣，而且我很孤單。不過這其實是我自己這樣想的，因爲我根本不需要覺得孤單。別人常說我是值得重視的朋友、同事、妻子、姊妹、阿姨，我有很多人可以求助。我屬於很多團體和小組。我並未「被孤立」，但我還是常常覺得很孤單。

如果你對我有興趣，提出問題就有機會與我產生連結。我很喜歡回答問題。撇開心中的憂慮不看，我很高興自己值得別人關注！而且我可以決定我要分享哪些東西。我花了很多時間聽別人說話，所以當別人也願意聽我說話時，我會爲之一振。（但我知道何時要停止說話、聽別人說，然後提出問題。）

十二歲的時候，我的心態其實誰都看得出來。儘管我把自己隱藏起來，但我卻選擇了一個會被別人看到的位置（在玻璃門後）。大家都看得到我笨拙的隱藏，我因此交到了好友。然而，我現在很懂得怎麼隱藏自己的心思。我想朋友們不會相信我有這麼焦慮。這是我的決定。隨著時間過去，我內心愈來愈謹慎。我一直透過一道想像的玻璃門「看著」外面的世界。

我這麼做有很好的理由。小時候我就不太跟別人互動。等到上學後，一切已經太遲了。自覺笨拙和與別人不同的感覺深植我心中。然而，三十多歲時的心理治療和相關訓練改變了我。我對自己的察覺變高了，也願意敞開自己。我就算做自己也會有人愛我。經歷了這麼久，我總算體會到歸屬感。太棒了。

然後，在這個開放和信任的狀態中，我遭到背叛，而我還以爲那個人是我的朋友。我覺得自己像是被捅了一刀。我現在知道有些人不能信任，是應該提防的。確實，我具有韌性，也找得到支持的力量，但我再也不會完全敞開自己。那眞的讓我很難過，但我希望自己可以找回識人的自信心，再度建立信任感。不過當我防護自己不受攻擊時，我也隔絕了一切。有時候我覺得只有一件事是確定的：每個人都會讓我失望。而我也反省了我曾讓別人失望的時候。

只有我有這種感覺嗎？對我來說，內在的力量讓我孤立（受到保護？），但我可以讓外表假裝看起來「很正常」。

透過心理治療的工作，我遇見許多害怕和擔憂的人，他們覺得別人一定會（再度）傷害他們。我們一同解構過去，盡他們的能力重新建立人際連結。要怎麼踏出禁錮你的恐懼呢？對有些人來說，第一步必須向內走（而不是向外）。是的，這是心理治療的目標，但不是唯一的路。

對我來說，生命很奇妙，時不時會把機會丟給我們，要我們突破舊有的方法，冒險去做點改變。但是如果我們評估變動過程的挑戰低於要承受的痛苦，我們才會想要改變。所謂的系統理論蘊含了很多的智慧。通常我們想進入的世界似乎遙不可及，而社會和文化則會給我們許多「快樂」的處方，例如，婚姻、事業成功、更有成就。

我常常提醒自己，我看著的世界，也就是玻璃門外的「另一個」世界，不是我目前居住的世界，或許我也不想進入那個世界。我的世界不一樣，有自己的趣味和意義，我不需要那些處方。那麼我該怎麼建立好的關係？我真的對一般的成就沒有興趣。那麼我何不當個指揮家，譜出自己獨特的生活？打破規則，那些我們在有意和無意間定出的許多文化成規。好好思索，好好討論，不是很有趣嗎？可以從這裡開始，找到志同道合的人嗎？

開始這些有趣的討論前，我注意到其他人，我對其他人是真心關懷。反過來說，當別人也關懷我時，我的心就打開了一點。這就是連結，歸屬感也開始醞釀。在私人和專業生活中，我一直見證到同情心有多麼重要。接納和支持可以化解孤立和孤單。對一個或許很孤單的人表達同情，就像是一份禮物。我們伸出手，搭起橋樑，別人可以選擇走過這道橋。這不需要特殊的訓練，每個人都做得到。然而，這份禮物需要有人接受，我們的心才能產生連結。對害怕或焦慮的人來說，接納是一大步；對送出禮物的人來說，接納則是很棒的回禮。小心測試，別一次跳太遠，或許就能達到心意的連結。

第一步是找到志同道合的人。很多人投入志願工作後，得到眞正的滿足。他們變成團隊裡有貢獻的一員，最重要的是，他們組成了「我們」。焦慮的人對別人的評斷很敏感，所以團體的接納和一視同仁充滿價值。他們再也不會覺得孤立，他們在別人眼中本來就具有價值，而不是因爲他們做了什麼事。當然，如果他們不喜歡，可以選擇離開。擁有自由選擇的權利，同時也有歸屬感。

我的另一個觀察是，我們可以從狗兒身上學到很多。狗狗是最可愛的小靈魂！牠們能夠學會被愛是什麼感覺。牠們可以感受到別人對牠們的愛。牠們不在乎你有幾個學位或多少錢。碰到的每一個人，牠們都眞心誠意地歡迎，覺得每個人都是朋友，或至少會給牠一塊餅乾！但不是每個人都喜歡狗或牠們的熱情相迎。有些人很怕狗，以爲牠們要來攻擊自己。但是狗狗不怕拒絕。牠們繼續歡迎下一個人，知道總會有人帶來一兩塊餅乾！

我覺得這樣的行爲值得人類學習。首先，不要覺得拒絕就是針對自己，還有其他人會喜歡我們。第二，陌生人靠近時，他或許並不想攻擊我們，可能只是需要一點點慰藉。

我們的判斷力（誰可以信任，誰會造成威脅）是很棒的資源，信任自己與他人可以幫你建立信心。但冒險前，要克服恐懼（你會知道你害怕什麼）。在大多數情況下，恐懼來自過去的經驗。或許需要花一點時間你才會理解，你已經長大了，比以前更有力量。怎麼找到勇氣來測試這個更年長、更有能力的自己？這是一個很重要的問題。踏出「一小步」就是一個開始，而且要找到人支持你——找人陪你一起跨步向前、一起思考、一起經歷這個過程。這個過程的基礎是發展學習和支持彼此的方式。在諮商和信任的友誼中也可以看到這樣的關係。只要我們接受支持，踏出新的一步，發現世界並沒有崩塌，我們就能建立起覺察和領悟，然後又增加了一點點自信，踏出接下來的一小步。

狗兒也可以是人類的情感連結。我相信會用心帶狗去散步的人都是好人，值得打個招呼（在蘇格蘭，通常會從談論天氣開始）。誰知道結果會怎麼樣，或許略有進展，或許沒有進展，但真的沒關係。重點在於，你注意到某個人，某個人注意到你，這就是連結的開始。狗狗知道這件事有多重要：邁步向前，有時候自己一個、有時候有伴，一直探索、不斷聞來聞去。跟隨你的直覺——或許會有人給你餅乾，甚至會有人請你喝杯茶！玻璃門打開了，我們走出去吧。

第八章

搬遷或調職：在新的地方建立支持社群

搬到新的地方可能會讓人覺得很興奮，也可能會令人擔心害怕。這是一種錯綜複雜的情緒，振奮又充滿希望，但無法融入的恐懼揮之不去，讓我們陷入自我批評，對自己愈來愈不耐煩。這一章裡的人物潘蜜・布朗特是心理治療師，住過美國好幾州，她感嘆人們在搬家時，除了行囊，往往還有心理的「包袱」。過去的社交經驗，不論好的、壞的都會跟著我們進入新環境。然而，根據我自己搬到波士頓的經驗，遇見新朋友和嘗試新的冒險活動，有助我們拆解恐懼的包袱。但也有條件限制：通常至少要兩年，大多數人才能找到新的歸屬感。我花了整整六年的時間重建我的支持體系，我要強調搬家後要建立堅實的社群沒有捷徑，也沒有速成的方法。年輕人需要的時間或許比較短，但也沒有我們想像的那麼快，眞的要很久。這就是爲什麼我們需要鼓勵、耐心、同情心和勇氣（也是爲什麼我寫了這本書）。

我們的目標自然是建立歸屬感，但必須投入時間擴大支持網路，可惜多數人花的時間根本不夠。在數位時代，拿起手機左滑右滑，就能立刻與別人連結上，如果要等兩年才能找到眞正能夠依靠的好朋友，感覺實在很悲慘。因此我可以了解爲什麼有些人即使有好機會也不想離開現在的位置。他們不想放棄辛苦得來的友誼、夥伴關係、人際網路，更不用說家人了；這些令人滿足的關係可能花了數十年的時間才建立起來。但如果我們決定要搬家，接受新的開始，就必須保持耐心和謙遜。要花很多時間，也必須調整期待，友誼才能發展和變得堅固。

但是確實有些方法可以增加認識新朋友或未來伴侶的機會。下面的人物側寫點出了發現和參與社群的有效方法，一種帶著冒險心情、保持開放、懷抱「初學者心態」的做法。三位主角都熱愛學習和探索，他們的好奇心把他們拉出保護殼去認識其他人（就算是內向的人，也喜歡聽別人說話）。

傾聽及向他人學習的意願，會帶來情感連結的機會。

如果你不需要搬家，但想探索附近的社群，下面的故事對你也會很有幫助。保持開放的心胸，星期天下午去散步時，說不定就會發生意料之外的驚喜。

潘蜜・布朗特：在移植的地方生了根

潘蜜・布朗特是持有執照的臨床社工師，也是執業的心理治療師，住在亞利桑那州。她也是感知互動表達藝術治療師，把所有類型的藝術與工作（和生活）結合。她也提供「感官覺察」（Sensory Awareness），這是一種正念療法，她從一九八〇年就開始研究和練習。除了工作時間，她跟丈夫和兩隻搜救犬住在土桑城外的索諾拉沙漠區，狗狗會帶他們去散步，走很長的路。各式各樣的鳥兒、樹木、仙人掌和其他野生動物在在提醒我們，地球由各種生物共享，我們永遠不孤單。以下是她的自述。

我們除了帶著行李，也馱著「包袱」

我認識的那些經歷搬家的人，顯然如果是年紀比較輕、有伴侶或朋友一起搬遷，或是搬去的地方已經有朋友了，對他們來說會更快能夠適應。他們可能已經找到歸屬的宗教社群、教育或就業支持網路，所以到了新的地方就更容易找到興趣相投的人。

然而，如果是五十多歲、六十多歲或七十多歲的人，可能已經過著退休生活，搬到一個什麼人也不認識的新地方是什麼感覺？或許他們對傳統的社交團體沒有興趣，也或許社區裡有很多不同的團體可以選擇，讓他們不知所措，不知道哪個才「適合」自己。

眞的很困難。搬家時，我們不只帶著行李，也扛著內心的包袱。

假如人際互動不足，自我批評的聲音會在內心找到萌芽的沃土。

這些內在的批評會讓我們變得憂鬱和焦慮。最後我們會逃避與別人接觸，因爲我們覺得自己不夠好，或不想冒著被拒絕的風險。當我們感到脆弱時，經常會孤立自己。過去建立的社群和友誼或許可以幫助我們克服這些想法，可是現在少了那些社會支持，很容易讓人落入有害的心態，覺得在新環境中毫無保障、非常孤單。

要是因爲舊有的環境無法提供支持，所以我們才想要搬到新的地方去呢？也或許我們搬家是爲了照顧日子已經不多的長輩，他們不好相處，也消磨了我們的精力和自尊。也可能是結束了一段婚姻或關係、生意失敗、退休後收入減少，所以必須換個比較便宜的生活環境。或者是其他的創傷逼得我們搬到另一個地方逃避悲慘的生活。這些問題都會讓情況變得更複雜，消耗我們的情緒。即使搬到新的地方是爲了滿足長久以來的心願，在陌生的環境裡我們仍然會覺得很寂寞。

如果你發現自己陷入這種處境，最好能找一位諮詢師或心理治療師談談。我們往往會對於自己還無法走出過去的陰影感到羞恥，於是乾脆待在家裡，結果只是鑽牛角尖讓問題愈來愈嚴重。身爲心理治療師我要告訴你，剛搬到新環境的人都會經歷一段艱難的調適期，你並不孤單！

好的諮詢師或治療師可以在我們缺乏社會支持、對自己太過嚴厲時，協助我們面對自我批評的感覺。他們會指出我們的優勢和天賦，讓我們想起過去能帶來喜悅的事物。我們可以一起探索新社群中的資源，思考哪些行動有助於恢復自信。一旦建立起自信，我們就可以開始向外探索，參與有趣的社交活動。

我的心理治療診所裡有幾位案主就是來尋求這類的協助。此刻我腦海中仍會浮現他們每個人的臉龐，都是可愛、有趣的人，只是經歷了困難的過渡期。而看到他們最終能找到快樂，我覺得很欣慰。

有些人在他們感興趣的活動中找到了朋友和滿足，像是加入社區合唱團、攝影，以及視覺藝術專案。一開始他們的創作是一種療癒的方法，用來表現、釋放和重建他們的經歷，但有時候這樣的創作會變成可以跟別人分享的管道。我知道他們有幾個人的作品現在已經在畫廊中展出。而來自創作過程中的自我成長、賦權和喜悅，本身就是很好的報酬。活動或許是固定的，卻可以喚醒個人的自信和對生活的熱情。由此開始建立人際連結就更容易了。在一般的情況下，興趣會引領我們認識有共同興趣的人。

如果你很害羞，可能一輩子都是如此。你不需要等到克服了害羞，才能開始社交。選擇對你來說比較容易的活動。舉例來說，有些社交活動不需要一直對話，或者重點在於活動本身而非說話。

總是會有跟你一樣害羞的人。事實上，你看到的那些充滿自信的人，或許不久之前剛到這個新地方的時候，同樣覺得孤單又害怕。他們或許也經歷了自己的創傷或失去。我知道，因爲我也有這樣的體驗。我已經慢慢接受了自己的創傷。我這輩子搬了好幾個地方，家鄉在維吉尼亞州，住過緬因州、佛羅里達州和亞利桑那州。我記得每當需要主動去認識別人的時候，我總是感到猶疑不定又退縮不前。當生活遇上困難時，同樣的感受就會再度浮現。

即使是交遊廣闊的人，支持網路也可能隨著生活變遷而改變。如果我們夠幸運的話，會有幾個朋友不論距離遠近，即使是在生活陷入困境的時候，仍然可以陪我們度過。可是我們不論在哪裡，都可以建立新的人際關係。

而且這麼做不需要付出很高的成本。現在只要有智慧型手機就可以拍照跟攝影。加入社區合唱團通常不費分文。登山社、賞鳥團體和纖維藝術收藏品通常也不用錢，或者花費不高。天文學團體會提供定期的觀星活動。終身學習方案的課程通常也會有折扣。

如果因爲生理限制無法開車，很多城市提供優惠的公共運輸票價。有些小鎮甚至提供接送服務給需要的人。

建立社群網路的其他訣竅

- 即使你現在覺得情緒低落，你也可以想想自己的興趣。在新的地方有哪些選擇？尋找經營相關內容的店家，或打電話過去，詢問他們知不知道有哪些類型的團體。在網路上搜尋。很多團體會定期發送訊息，介紹當地的活動。
- 如果你覺得無法開始新生活，落入自我懷疑和自我責難的深淵，請向外尋求協助。一個人很難克服自我批評，你不需要獨自努力。
- 記得，別人也會覺得孤單，如果你對他們伸出友誼之手，他們會很高興。
- 提醒自己，覺得孤單並不表示你有問題。社會不斷改變。孤單和孤立的問題不是你一個人的問題，很多人都受到了影響。
- 各式各樣的組織都有志工的機會：愛鳥人士的奧杜邦協會、需要成員協助進行田野調查的野生動物團體、到學校講故事給小朋友聽和教他們功課、歷史社團、藝術收藏品、流浪動物之家、政治團體等等。不需要太費心思，只要你願意投入。同樣的，你可以在網路上搜尋你的興趣，了解附近的組織。

- 新居民團體和 Meetup.com 可以爲搬遷的人提供社交機會。
- 跟支持你的朋友保持聯絡。即使相隔兩地，他們的支持也很重要。向他們坦承你的想法。我們無法獨自生活，不論內向或外向，我們都是社會性動物。
- 對某些人來說，有意義的兼職工作最後往往能幫他們找到新朋友和新社群。

克勞斯・亞洛夫：創造歸屬感的保護區

一九七〇年代初期，我是一個愛好冒險的年輕嬉皮，背著背包和長笛遊遍歐洲，常在青年旅館、朋友的沙發上和火車站的長椅上過夜。高中同學把我介紹給她在丹麥哥本哈根的朋友們，我在學校的舞會上遇見了克勞斯・亞洛夫。我們都會吹奏長笛，兩人也都喜歡巴洛克音樂。

不知道爲什麼，過了幾十年了，我們仍然保持聯絡，大多是書信來往，偶爾會通電話。他對人性充滿希望，常常鼓勵我，而透過他的公司，他也見證了即使在現今的風氣下，跨文化的溝通仍有助於建立社群連結的感受。他相信只要「有興趣去理解他人」，我們就可以慢慢地建立起自己的歸屬感。

對他人感興趣聽起來似乎是一件簡單也理所當然的事，但是要將它應用在與背景不同的人的溝通，不啻是一門藝術。克勞斯透過他的事業和公司發展與表達這種藝術，所以我請他分享他對孤立和孤單的看法。

關於克勞斯・亞洛夫

克勞斯是哥本哈根 GlobalDenmark 的創辦人兼執行長，這家公司提供跨文化溝通的訓練和諮詢。他的公司有十一名顧問，主要爲丹麥的企業和大學效力。克勞斯參加過衣索比亞、西班牙、摩洛哥、美國、俄羅斯和北歐各國的專案，重點都是跨國、跨領域和跨越人際的溝通。克勞斯與他的團隊也爲從各地到丹麥進行研究的博士候選人提供學術溝通的課程。他在哥本哈根大學取得英文及心理學的碩士學位。在建立 GlobalDenmark 以前，他是丹麥外交部語言中心的語言和協商顧問。

克勞斯的妻子是一位音樂家，彈奏大鍵琴。他現在還會吹奏長笛，專精巴洛克音樂。他跟妻子漢娜都熱愛十八世紀的音樂，他們正是因爲在同一場音樂表演而結識：「我們的媒人是長笛奏鳴曲。」他們有兩個孩子跟三個孫子了。一九八四年，克勞斯和漢娜成立了他們的第一家公司，接著發展出另外五家公司，包括跨文化溝通以及推廣古典音樂。

克勞斯相信愛、音樂和商業構成了他的婚姻和家庭，以及他的專業人生。

說起丹麥人的孤單，他認為丹麥人一般而言很外向，喜歡社交，但孤單依然是一種普遍的狀態（只是被隱藏起來）。克勞斯知道孤立是什麼感覺。下面是他分享的故事。

我覺得被孤立的時候

我一向是家裡最活潑外向的小孩，喜歡熱鬧的對話跟人群。弟弟在各方面與我相反，他很內向。不論性格是先天或後天養成，總之我們兩個小時候很不對盤。我們的頻率不同；我的個性大而化之，但他總是想得比較多。或者表面上看起來如此，畢竟刻板印象實在很難說得準。母親盡力維護我們的關係，避免我們起衝突。數十年來，因為個性南轅北轍，我跟弟弟一直保持距離。成家立業後，我們的關係才比較親近。

二〇一七年，母親去世後，一切都改變了。父親早在十七年前就過世，母親在經歷四十八年的婚姻生活後，勇敢展開新生活。她是一位堅強的鬥士，能夠建立起真誠且長久的友誼，也自然成為家族的中心。我跟爸媽都很親，母親走了以後，我整個人像失了魂，覺得自己是孤兒。少了母親，我跟弟弟之間的橋樑也斷了。我避著他，覺得他不會懂我的感受。即使需要家人的支持，我還是完全不想跟我弟聯絡。這道牆在我內心產生了一種過去從來沒有過的孤立和無助感。

接著，在母親的喪禮結束後過了幾個月，弟弟突然向我伸出友誼之手。他坦白與我分享他的感受，試著建立兩人的關係。在母親去世後，我們兄弟之間有了跟過去截然不同的交流。現在我抱持著接納的心態，能夠傾聽他想說的話，也讓他能夠表達自己。

我們變得比過去任何時候都更親近。由這個經驗我了解到，當一個人的角色突然改變時，他會變得孤立，不知道怎麼以新的身分行動。我本來是個充滿自信的大哥，突然間卻迷失了方向。如此一來，卻讓我那善感又寡言的弟弟有了發聲的機會。一開始讓我變得孤立的悲傷，事實上變成了我們連結的機會。母親的死，讓我跟弟弟終於有了真實交流的空間。雖然母親過世了，她卻成功地把我們兄弟拉在一起。我很感謝她讓我們得以跨越數十年來的鴻溝。

讓我們得以建立連結的保護圈

小孩上高中後，我自願參加學校的董事會，擔任青少年的導師。我很訝異就算來自富裕家庭的青少年，在家中也會感到孤單寂寞。他們告訴我，沒有人聽他們說話，爸媽一直工作，無法專心陪伴他們。（那是在一九九〇年代，還沒有智慧型手機和網路社群媒體！）我認爲如果能夠提供一個安靜的空間，讓孩子獲得全心的傾聽，應該會很有幫助。與老師一起工作，陪孩子一起聊聊天，我深深理解每個人都需要一個保護圈（安全空間），讓他能夠放鬆地說話，不用擔心別人的評斷和期待。有個固定的地方進行固定的對話，有助於建立對彼此的認識與關懷。

創造出像個保護圈一樣的小團體，是打破孤立和建立社群連結的一種方法。我把這個概念套用到 GlobalDenmark 的跨文化倡議。我擔任過企業主管、政治人物和研究學者的人生教練，我發現即使事業成功、什麼都握在手上的人，還是會覺得孤立和孤單。他們或許有很多崇拜者和同僚，但是遇上麻煩時卻找不到人可以說話。而身爲人生教練，我最強大的工具就是在一個安全、隱密的地方，全心傾聽客戶的需求。陪伴是信任與敞開心胸的前提，也是走出孤立的方法。

多年來，我在丹麥爲來自世界各地的博士候選人舉辦過很多場工作坊。主題是跨越國界的科學溝通。國際學生在丹麥可能會覺得相當孤立。有些人是自我孤立，有些人則是不知道爲什麼就陷入孤立。我們的工作坊讓學生透過用餐的時間認識彼此。他們可以跟工作坊的助教討論如何應付跨文化的問題，以及適應丹麥文化時碰到的個人難題。我常發現學生以英語表達的時候更自在，而不是他們的母語，例如中文或義大利語——共同的語言能讓學生們打開信任的大門！以外語溝通可以讓他們突破自己的保護殼。母語其實是一種約束。人們用母語以外的語言溝通時，更可能嘗試新的社交互動和行爲。還好在私密的小團體裡，人們會覺得很自在，願意嘗試新的觀點和方式與他人建立連結。

我們需要眞正的對話

在丹麥，我觀察到年輕人花在螢幕上的時間愈來愈多，跟十年前相比已經大幅增加。近來我就目擊一名女性在過馬路時差點被車撞到，因爲她只顧低頭看看機。我們把太多心思花在手機上，這也表示我們可能只關注自己，沒有抬起頭看看別人。或許透過手機確實可以建立人際關係，但是透過螢幕很難有眼神接觸與眞正的對話。我常常懷疑社群媒體上的「對話」和「朋友」是眞的嗎？交得到眞的朋友嗎？過去六十年來我學到了對話有其價值，可是現在自發性的對話卻愈來愈短。這是一件很可惜的事。眞正的對話和眞正的友誼必須以我們對他人的興趣爲基礎。這就是生命中的魔法時刻！

我們現在就需要魔法。

班・雷格斯：透過熱愛學習建立社群

我很意外收到班的來信，邀請我去羅德島新港演講，對象是一個名爲「學者圈」（Circle of Scholars）的團體。他從他太太那邊聽聞我開過教人怎麼安慰別人的課程，於是很快就安排了這場大型的論壇。我抵達演講會場時，眼前所見是一位彬彬有禮的主持人，他跟我分享他全心投入終身學習，協助長者們學會建立社群的方法。團員們在歷史悠久的愛德華國王之家聚會，班帶我繞了一圈，我發現這不是一般的老人活動中心，有很多學習、教學、創作、說故事和社交的教室。

班堅信，好奇心的力量和對學習的熱忱可以帶給我們克服孤立的勇氣。參加活動的人來自各行各業，教學相長。班的個性親切，對每個人都很熱情，很容易跟新來的人聊起來，一起激發新的點子。

他組織活動，鼓勵年長者（很多人一輩子都沒教過課）站出來傳授他們喜愛的事物。他不時鼓勵退休的人們開課傳授自己著迷的事物、與其他人分享智慧和技能。透過教學相長，班見證了這些有意義的相遇可以爲年長者建立情感連結，不然他們可能就只能孤單地待在家裡。

二〇〇〇年，班跟太太搬到羅德島的新港，享受當地的帆船活動。他積極參與海軍基地的航海訓練計畫，也熱心投入社群，推展年長者的教育。他之前是沙爾瓦瑞金納大學（Salve Regina University）學者圈的主席，最新的職務則是愛德華國王之家新港學者圈的主席。他也創立了美國國際瀕死體驗研究會羅德島分會，並擔任會長。

他目前仍在資源管理公司兼職，擔任常務董事，這是一家小型投資銀行，在羅德島的新港和佛羅里達的棕櫚城都有辦公室。他之前管理過數家製造公司，有十五年以上的經驗，也以營運長或執行長的身分整合了多家企業。

班於一九六八年從波士頓大學畢業，之後在美國海軍擔任飛行員，執飛停駐在獨立號航空母艦上的輕型攻擊機。他在海軍後備隊的航空系統計畫服役十四年，擔任航空工程值勤軍官，後來成爲單位裡的指揮官。以上校的官銜退休。以下是他的自述。

讓我沒有陷入孤立的原因

我的責任和服務他人的職志，讓我這輩子很少覺得被孤立。一方面，我忙著應付各種挑戰，除了要完成大學學業，還要照顧當時剛失婚的母親（那時候她也展開了對抗癌症的長期戰爭）和兩個弟弟。我很少有時間爲自己擔憂。

身為航空母艦上的海軍飛行員，我也必須專注飛航才能保命。不過當母親去世時，我為憂鬱症所苦，變得無法專心。有一天晚上，我把飛機降落在艦上時差一點就失事了，軍方讓我休息六週接受治療。治療似乎見效，我又回去飛行，沒有再出過任何問題。

另一個讓我沒有陷入孤立的原因，是我有一份繁忙又常需要與人往來的工作，在孩子成長的過程中我經常得出差。

但在更深的層次上，尤其是年紀漸長之後，我覺得跟別人分享知識，以及從他們身上學習，是很有意義的事。透過參與新港的社群，我傳授航海技能給海軍人員跟他們的家人。我很享受與其他指導員的互動，多年來教導過幾百個不同背景的人學會航行，而且在這個過程中，我變成更好的老師和團體成員。我跟其他指導員建立了好友誼，我們常在冬天一起航行加勒比海。

航海只是我個人的愛好。終身學習計畫和社群教育中心提供很多方法，讓我們的心智保持健康和活力。簡言之，對學習的熱愛讓我們不致於陷入孤立。這些課程讓我們組成一個同好團體，透過課堂上及課後的討論，我們對彼此更加了解。眞誠且有意義的對話自然會增長友誼，讓我們透過共同的價值緊密連結。藉由分享自己的價值觀，你會發現同學們往往也有同樣的恐懼和渴望，而這就能夠培養出信任感和親近感。

老年人的學習是根據興趣來選擇課程，而不是爲了滿足學位或轉職的需求。此外，由於我們更不在乎在公眾面前的形象，所以也不怕問問題或跟老師意見不合。很多人愈來愈有好奇心，心態也愈來愈開放。

然而，不論幾歲，互動學習對心智的刺激絕對超過被動閱讀，也會帶給我們使命感和人際連結。大多數人都想要更有意義的對話，而一起探索生命的意義的確是建立一輩子的友誼的好方法！

給克服孤立者的建議

- 每天都告訴鏡子裡的那個人，愛與慈悲會給你帶來力量。
- 看見別人的愛與善良，尋找志同道合的夥伴。
- 跟隨你的直覺，你知道什麼才是對你最好的，同時努力讓地球變成更好。
- 不要拖延你能夠做到的事。只要你願意去做，多數事情都能做到。
- 活得無所畏懼，身體終究會死去，但你知道你會繼續前進，帶著喜悅回到你一開始來的地方。

珍・邁爾：友誼的世界

一九九六年六月，我到明尼蘇達州洛契斯特的修道院參加女性的心靈避靜活動，那天下午我認識了珍。她是音樂家兼歌者，帶領五十名女性唱聖歌，爲生命的各種失去致意。珍引領我們找到一種歸屬感，透過歌唱支持彼此，再也不需要獨自承受痛苦。這次的活動充滿力量，打開我的心靈和腦袋，讓我體會到音樂能幫助我們克服孤立和疏離。

過了快二十年，二〇一五年在一場國慶派對上，我在波士頓一個朋友家的門廊上碰到珍。我們在草坪上找了張椅子坐下，邊吃西瓜邊敘舊。她現在是諮商師，訓練照護者用音樂治療失智症患者。

珍對生命充滿熱情令我印象深刻，她熱愛學習、旅遊，也很關心他人。她讓人覺得溫暖又慷慨，也充滿好奇心，在世界各地都有朋友及合作夥伴。她有種可以讓人覺得很安心的天生本領，她會專心聆聽別人說話，不論去到哪裡都會受到眾人的歡迎，開啓有意義的對話。不論身在何處，她總是怡然自得，彷彿整個世界都在她的掌握之中。

珍跟我一樣都是六十多歲，單身沒有小孩。我覺得珍是一個很好的榜樣，我也想跟她一樣優雅老去，身邊有很多好朋友和支持的夥伴。珍鼓勵我相信安全感終究來自社群支持的堅固安全網。我邀請珍分享她在建立社群這方面的領悟。以下是她的自述。

終身的好奇心創造出終身的朋友

我的人生像是一條色彩斑斕的拼布被。我住過很多地方，同時開展好幾條職涯之路。爲了維生和助人之樂，我選擇了社區健康和精神病護理、健康教育及健康政策研究。基於對音樂的熱情，我從事形形色色的工作，包括教學、指揮、表演、錄音、作曲和歌唱。二〇〇〇年以後，我換成兼職工作，才可以留點時間和精力給音樂，儘管收入當然有限。多年來我搬家快二十次，只爲了省下房租到處旅行。我省錢出國，旅費也是省到不能再省，但一定要冒險性十足！

我還沒找到一起終老的伴侶，但有過幾段長久的關係。我沒生過小孩，也沒有房子，不過有的話應該也不錯。我的家人很支持我，我們感情很好，只是我弟弟跟雙親都已經去世了。現在只剩下我最親愛的姊姊跟我。

找到自己的職志讓我從內向變得外放。我學會向別人伸出友誼之手、冒險和不怕挑戰，因此我也建立了幾個已經維繫數十年的社群，而且散布各地。如果要說有什麼最能夠幫助我結交朋友，那應該是我對音樂的熱情。分享音樂以及跟其他人一起創造、遇見來自不同文化的人、彼此交流學習，以及到不同地方旅行，都讓我活得很充實又開心。

近來退休之後，我開始公路旅行，去拜訪朋友和親戚，在預算許可的範圍內有多遠走多遠，到各地認識不同的人，舉辦給照護者的工作坊，教他們用音樂幫助失智症患者。我一直都相信自己很幸福，有很多好朋友，少了他們，我絕對無法度過生命的挑戰，也無法跟別人分享喜悅。友誼讓我的人生變得豐富，遠超乎一般人的想像。

建立社群的方法

一、追隨你熱愛的事物。

透過熱愛的事物，我建立起與他人的情感連結。我很幸運有許多熱愛的事物。第一個是音樂，以及跟別人分享歌唱和玩樂器的喜悅。帶著對音樂的愛，以各種方法與其他人分享，讓我找到安慰和力量，以及許多一輩子的好友。我從小學到高中的朋友都還有聯絡，我們來自共同的合唱團、舞蹈班、我指揮過的合唱團，以及有許多來自我參加過的唱詩班。我喜歡旅行、大自然、認識來自各種文化的人、幫助其他人、享受戶外活動，這些都是我建立和維護各種類型的友誼社群的管道。現在我退休了，我做了自己的「名片」，寫上我熱愛教導照護者使用音樂幫助失智症患者，走到哪裡就發到哪裡。這個舉動也有助我拓展人際關係。

二、寫日記有助於找到自己的使命感。

寫日記可以幫我們找到內在的指引。我有很多朋友，但我一個人的時候，也喜歡寫寫日記，記下生活中最有趣跟最讓人困惑的事情。有時候我只寫困擾我的問題，什麼都不多想，就寫下進入腦海中的所有事情。我常用這種方法找到答案或解決辦法。寫下生命中最快樂的時刻，寫下最有意義或最讓我有成就感的活動，幫我看清楚自己，做爲未來做決定和尋找方向的參考。透過寫日記，我發現我有多喜歡教學，因此我也到成人教育中心教合唱團，從而跟幾個學生變成好朋友。

三、從別人的身上學習。

每個人都是我的老師。我認爲我們一定可以從彼此身上學到一些東西。生活經驗教會我們各種完成人生旅途的方法，我們身旁的人一定有些珍貴的東西可以與我們分享。跟認識的人或陌生人輕鬆地聊聊天（面對面或講電話）或許能開啓有趣、有時候又深具啓發性的討論，即使我們可能不知道對方的名字。幾乎每個人都可以說出一些好笑的事或特殊的經歷，其中一些種子會開花結果，變成眞正的友誼。你永遠不會知道你錯過了什麼，除非你親自參與，而且每當獲得回饋時尤其充滿意義。即使是一般的對話，例如個人喜好或品味、去過的地方、喜愛的料理或喜歡的音樂，都可能會帶你進入有共同興趣的新社交圈。

四、利用社區資源。

參考服務員是很棒的資源。在他們的協助下，探索你最喜歡的主題，拓展人際關係和建立新社群。他們通常是超級偵探，很喜歡幫助其他人找資訊，或許是你喜愛的事物、同好的連結網路、當地的社會團體或成人教育課程。他們也可以幫忙搜尋不同預算的計畫，像是免費的音樂會、慶典、博物館之夜，以及藝術展覽、孩童活動等等，還有提供線上協助，例如找到各式聚會團體。如果你有自己的嗜好或熱愛的活動，例如肚皮舞或園藝，一般設置在圖書館裡的參考服務員是一個很棒的起點。

五、支持其他人，讓愛傳出去。

大多數人都渴望正面的強化、認同和笑聲。或許這個說法比較適用於某些世代的人，但我支持這個信念，我的互動經驗也證實了這個想法，尤其是碰到陌生人的時候。我想利用每一次機會，給出一點點眞誠的正能量，或許力量不大，例如稱讚別人「戒指眞美」或「你笑起來好好看」。不論是超商店員、排隊時站在旁邊的人，還是在電話上幫我處理帳單問題的技術人員，我喜歡想辦法讓他們覺得開心一點，對他們的技能、和善及幫助表示感激。這些連結大多不是爲了建立友誼，但或許會帶來友誼，也會幫助你一路上碰到的人。就像給口渴的植物澆水，爲世界增添正能量，有助於對抗我們共同的孤立感。

六、對周遭世界敞開心胸。

我充滿好奇心。我不知道我的好奇心從哪裡來的，可能生來就是如此。我知道音樂是我的愛好，但要選擇生涯之路眞的很難，因爲我對學校裡所有的科目都感興趣。對知識的追求和對世界的探索讓我加入了很多新社群，擁有豐富的工作經驗，經常搬到新的地方，有形形色色的朋友以及各種文化接觸。如果不去探索不熟悉的事物，我就不會有這些體驗。對他人的好奇心讓我成爲好的聆聽者，幫助他人建立自我價值，進而讓我更認識他們以及我想了解的事物。這種內在的驅力讓我願意主動攀談，也把我帶往新的地方與認識很棒的新朋友。

七、朋友也可以是我們的家人。

我把所謂的家族擴大成朋友的世界！我的原生家庭只剩下一個姊姊，但我們可以一輩子都有關心我們、愛我們的家人。我每年會回家兩次，其餘的時候則有朋友支持。爲了旅行，我過得很節省，二十年來幾乎搬了二十次家，但每到一個地方，我都能交到新朋友。退休後，我常常出外旅行，足跡遍及美國各地，同時有機會去探望這些朋友；我可以住在朋友家，好好敘敘舊。當然，有的朋友再也沒有聯絡，但有很多人儘管過了這麼久也很少通訊，仍然願意陪伴與支持我。有些深刻的友誼眞的延續了一輩子，從幼兒園就開始了！朋友幫我度過兩次膝關節置換手術，以及無數煩雜的疾病和不幸。每天我都滿心感激，謝謝我的朋友，沒有他們，我也無法活得精彩。

第四部 歸屬感

在我們覺得自己像個隱形人的時候，
如果有人對我們伸出手，
真的就像是個奇蹟。

第九章

採取行動，創造社群

走出自己的保護殼

想想第三部的那些主人翁們，我們就可以明白走出孤立、進入社群，需要勇氣、關懷以及對他人保持興趣。我們內在有一股強大的力量可以激發我們的勇氣和關懷之心，推動我們突破孤立的屏障。若深入探究，我們可以看到這些主角的共通點，還有讓他們參與社群的動力，最終也帶他們找到更深的歸屬感與意義。

藉由這些故事，以及我個人克服孤立的旅程，我找到讓我們願意加入社群的五種共同的推動力：

一、跟隨我們想要關懷他人的心意：我們想幫助別人的渴望。

二、跟隨我們的好奇心：對學習和探索不同事物的熱愛。
三、跟隨讓我們愉快的想法：做我們熱愛的事。
四、跟隨我們的復原之旅：療癒自己和其他人的旅程。
五、跟隨我們的使命感：讓生命有所不同的召喚。

艾莉、安妮、羅蘋和保羅都完成了這段療癒的旅途，建立起自己的支持社群。瑪麗莎聽從她的使命感，成立對抗乳癌的組織。班和珍追隨他們對學習和探索的熱愛。當然，一股驅力會引出另外一股驅力。舉例來說，羅蘋在兒子用藥過量去世後的療癒旅途，讓她成立了新的支持團體，服務其他悲傷的人。她的療癒旅途變成她的使命感，協助面臨類似苦難的人們。

這些主角們最相似的一點就是，孤立他們的問題變成激勵他們去幫助別人的動力。換句話說，**孤立我們的事物變成把我們團結起來的力量**。加入他人或讓眾人聚集起來的動力，可能來自孤立我們的力量——汙名化、痛苦或恥辱可能會變成一種使命感，集眾人之力克服難關。不論是疾病、成癮還是失去親人，我們都會找到經歷同樣痛苦的人。羅蘋、艾莉、安妮和保羅都把他們的療癒過程轉化爲療癒他人的方法，這是一種眞實且熱切的使命感。

班和珍渴望與其他人分享對學習的熱愛。班打造出給老年人的教育計畫，珍成立了音樂治療團體。

大家創造社群的方法帶給我很大鼓勵，我開發了一個名爲「全新友誼」（Brave New Friendships）的課程，二〇一八年六月在一所成人教育中心推出。我很驚訝也很高興這個課程大受歡迎！我的班級成員眾多，從二十歲到七十歲都有。大學生和退休人士都想要找到建立友誼、社群和歸屬感的新方法。看到二十歲的年輕學子跟嬰兒潮世代的老人家分享建立社群的技巧，或者銀髮長輩跟青春世代分享面對面聊天的訣竅，我深受鼓舞。透過跨世代的對話，共享建立社群的實用智慧，我們彼此都受益。

班上有一名二十二歲的同學，他的一番話讓我深有同感，他說：「我們費了不少精力和時間發展事業成就，卻很少用同樣的心力經營人際關係！似乎可以說，我們爲了賺錢，就必須犧牲我們的社會需求。」

說的沒錯。人們把精神、時間和金錢花在事業或工作上，但我們的社會幸福感（social happiness）呢？也就是我們該如何和那些不只關心專業成就的人建立更多連結？他們眞正感興趣的是我們，在乎的是身而爲人的我們。

在學生的建議下，我創造了下列的迷你工具箱，幫助我們檢視個人的支持網路，以及可以用來建立社群和友誼的機會。

建立社群：迷你工具箱

給建立社群的提醒：

- **要有長期抗戰的打算**。要建立堅實且眞實世界的友誼和夥伴關係，通常需要很長的時間，或許兩年以上吧。保持足夠的耐心和同情心，才能建立起具有支持力量的社群，但這項投資很聰明也有豐富的報酬。
- **從各方面去認識新朋友**。跟找工作一樣，對於友誼或各種關係，往往要經歷很多的「不對」，才會碰上「對的」。沒錯，眞的有點像玩數字遊戲。多去參加活動，培養你的人際網路。
- **保持開放的心態，不要太堅持誰是「同一國」的**。你永遠無法預料誰會歡迎你加入他們的世界，而且經常在不經意之下，你會找到「適合」的團體。
- **積極一點，主動伸出援手幫助其他人**。這是擴大社群的好方法。給別人支持，就是支持自己。這就是爲什麼志工是一種建立社交網路的好方法。
- **承擔社會角色可以帶來更多社交的機會**。讓組織社會活動的人知道你正在積極擴展社交圈。畢竟有些志工其實比較不需要與人接觸，像是幫忙郵件分類的社交互動程度就少於幫忙舉辦音樂會。

- **建立人脈時，即使是社交聚會不妨也送上個人名片**。一張好看的私人名片很管用，至少要寫上聯絡資訊，就算沒有工作也沒關係。我知道有很多人用私人名片建立支持網路。我看過一些有趣且親切的名片，列出了很多個人興趣，例如「愛狗人士」、「獨立電影迷」、「不害羞的美食家」及「麻將愛好者」等等。如果你想用專業的名片當然也可以。
- **搬到新的地方，請加入新居民團體——即使你已經搬過去一年多了**。新居民團體（或 Meetup.com 上的新居民聚會）很適合認識樂於建立新關係的人，通常是來自不同城市的人，或是來自同座城市不同區域的人。我認識很多人會一直去參加新居民聚會，而且持續多年！
- **如果你一個人住，不妨考慮共居的好處**。幾個合得來的人住在一起（一起煮飯、照顧花草或共乘）可以創造歸屬感和連結，大家變得不只是「室友」。
- **如果交不到朋友，不要苛責自己**。你遇到的人可能沒有時間分配給社交生活，或者就是不想擴展社交網路。美國人花在社交上的時間通常少於工作的時間。大多數人會把社交生活擱在一旁，先處理生活中比較急迫的情況。很多人都想建立友誼或增加社交生活，但就是沒有時間和精力。
- **被別人拒絕時，千萬不要覺得對方是針對自己**。很多人可能就是不想交朋友；有很多理由，但都跟你個人沒有關係。

- **別人可能會失約，或突然消失**。跟你見過一兩次面的人，或許也會取消後續的約會。有些人就這樣消失了，沒有理由。同樣的，不要把它當成自己的問題。有些人只是偶爾需要一點陪伴，但不想發展長久的友誼；也或許他不知道該怎麼解釋，怕讓你失望。你願意邁出第一步，也不放棄繼續尋找其他的朋友，就很值得欣賞與尊敬。繼續向前。
- **在建立社群連結時，如果不知道該怎麼辦或覺得沮喪，不妨尋求心理諮商、宗教、支持團體或諮詢專線的支持**。我們的一位故事主角潘蜜・布朗特是心理治療師，她說過：「人際互動不足，自我批評的聲音會在內心找到萌芽的沃土。」要記得，我們需要人與人的互動才能克服孤單和孤立，缺乏社會支持可以尋求專業的協助。你一定會找到支持，你不是一個人。

第一步：建立社群的練習

下列的練習步驟供你思考自己目前的社會支持。你所有的人際網路會交織出一張社會安全網。要如何擴展網路和創造社群？

A. 畫出我的支持網路

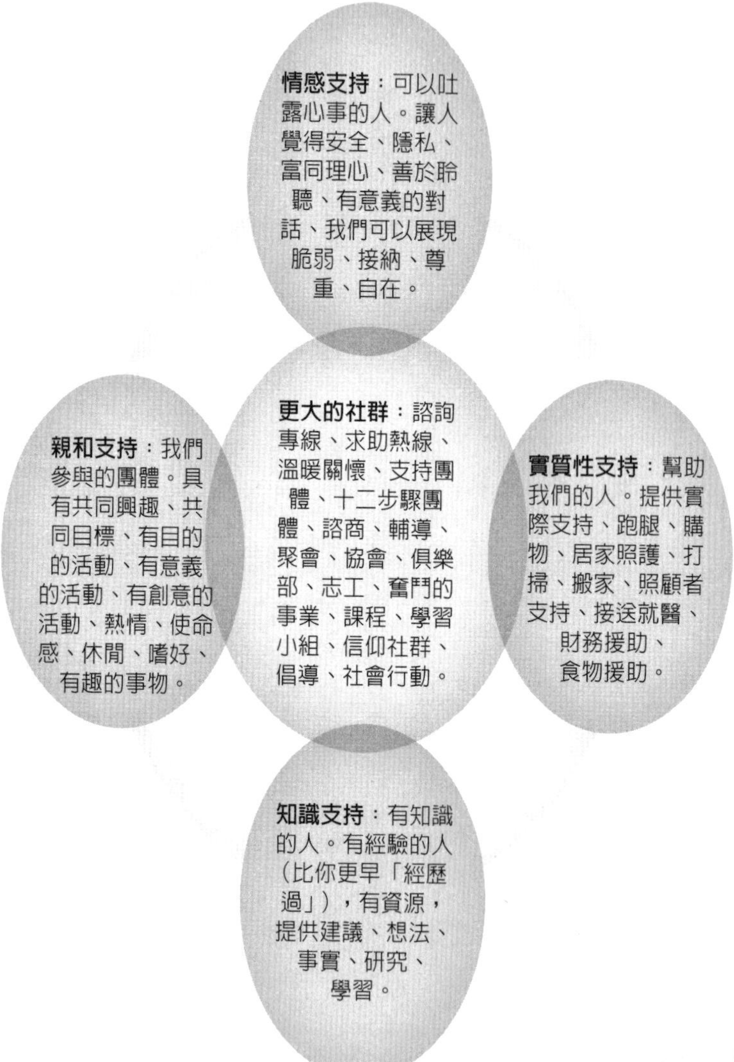

情感支持：可以吐露心事的人。讓人覺得安全、隱私、富同理心、善於聆聽、有意義的對話、我們可以展現脆弱、接納、尊重、自在。

親和支持：我們參與的團體。具有共同興趣、共同目標、有目的的活動、有意義的活動、有創意的活動、熱情、使命感、休閒、嗜好、有趣的事物。

更大的社群：諮詢專線、求助熱線、溫暖關懷、支持團體、十二步驟團體、諮商、輔導、聚會、協會、俱樂部、志工、奮鬥的事業、課程、學習小組、信仰社群、倡導、社會行動。

實質性支持：幫助我們的人。提供實際支持、跑腿、購物、居家照護、打掃、搬家、照顧者支持、接送就醫、財務援助、食物援助。

知識支持：有知識的人。有經驗的人（比你更早「經歷過」），有資源，提供建議、想法、事實、研究、學習。

B. 列舉我的支持網路

列出可以提供你支持的人。誰會陪在你身邊？可以把同一個人列在不同的支持網路裡。除了線上社群，也包括真實的社群。把能帶給你歸屬感的團體寫下來。

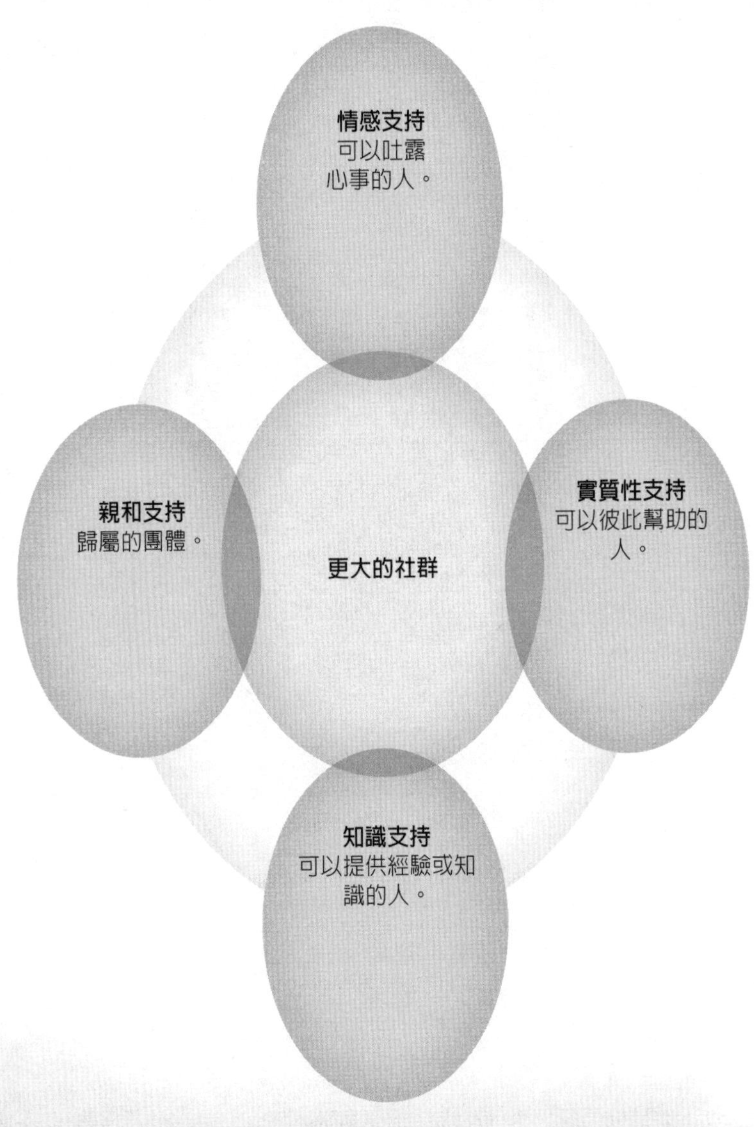

C. 我的社會支持來自哪裡（虛擬世界及真實世界）？

- **情感支持**：可以吐露心事的人。

我需要找其他人提供情感支持嗎？

- **實質性支持**：可以彼此幫助的人。

我需要擴大可以幫助我的團體嗎？

• **知識支持**：可以提供經驗或知識的人。

我需要更多的知識或請益的對象嗎？

• **親和支持**：歸屬的團體。

我需要試試看其他的團體嗎？

第二步：什麼會讓我願意走出去，接觸更多人？

- **過去幾年來，你在哪裡碰到友善的人（面對面接觸）？**

想想那些場景，例如：晚宴、聚會、體育活動、藝術活動、課程、志工、戶外活動、心靈避靜、支持團體、復原團體。

- **過去幾年來，你跟友善的人一起參加過哪些活動？**

吃飯、打高爾夫、觀賞球賽、藝術展覽、賞鳥、旅行？想想過去幾年來，你在哪些活動中碰到友善的人，舉出三個。

・過去幾年來，認識交往的人裡頭，誰最令人愉快、親切而且覺得有趣？

列出三個人以及他們每個人身上你喜歡的特質。

人名：

個人特質：

人名：

個人特質：

人名：

個人特質：

・根據上面列出的正面經驗，你會怎麼歸納出最容易交朋友的機會？

要遇見友善又有趣的人，最適合的地點或場合在哪裡？

哪些活動最能夠遇見友善又有趣的人？

你想認識什麼樣類型的人（特質和價值）？

第三步：對生命中支持過你的人表示感激

要感謝別人給我們的支持，可以做一個簡單的感恩練習。花幾分鐘的時間，回憶別人向你伸出援手的時候。抱持感恩之心非常重要，人類要能夠互相協助，就需要這樣的心態和動力。知道我們受到支持，會讓人感到安心。此外，說出感恩的對象與行動，能幫我們明白想要與具有什麼樣特質的人建立友誼和社群。

在這個感恩練習裡，列出五種不同的體驗，好比說有人支持你或特地爲你做什麼，超乎你的期待。想想幫助你的人具備什麼特質，以及他們的行動給你什麼樣的幫助。

我對以下這些支持我的行動充滿感激：

一、

二、

三、

四、

五、

從這些體驗中，我學到了什麼？

支持我的人具有什麼特質？

他們令人敬佩的價值在哪裡？

我有哪些可以支持別人的特質和價值？

第四步：與老朋友再連結的方法

找回過去的人際連結，可以幫助我們重建支持網路。有好幾個方法可以找到過去認識的人：

- 校友會
- 高中同學會
- 臉書和網路社群
- 高中的年刊
- 舊的通訊錄（可能是一九八〇、九〇、二〇〇〇年代）
- 舊的日記和筆記本
- 裝了紀念品和舊信件的盒子
- 舊的電子郵件信箱

你想要怎麼尋找老朋友或「很久不見的親友」？

第五步：你是否認識善於建立友誼和社群的人？

我們可能認識某個聰明又善於社交的大師，可以提供一些技巧。周圍或許有人做得很好，即使經歷了重大的生命改變，一切必須從頭開始，他們也能發展出強大的朋友圈和支持團體。我們可以去找建立社群的「榜樣」，看他們有什麼可以告訴我們。誰知道呢，他們或許會很高興能有這個分享的機會！

所以，到處問問吧。

雖然我六十多歲了，我聊天的對象有見多識廣的二十多歲年輕人，也有七十多歲的寡婦，他們都不吝分享可以到哪裡尋找有趣的團體。沒有什麼建立社群的必要方式，但一定有某些聰明的人願意把他們的建議說出來。

第六步：讚揚志願工作

我見證過許多人打破孤立，快樂地參與社群，而其中最有效的應該是從事志工活動。爲某個共同目的組成志工，非常有利於建立起堅實的友誼，因爲生活中會有了連結彼此的規律和方法。志工和步調很快、充滿競爭的職場不同，在志工的環境裡，大家比較放鬆也願意打交道。我們參與是因爲我們**想要**參與，願意認識更多人。在我擔任復健諮商師的二十二年間，我看到志工活動如何協助案主治療孤立和孤單。有機會與其他人一起貢獻社群，就算最退縮、最邊緣化的人也會試著克服障礙和汙名。

下面則是區域性的志工提議：公共圖書館、安寧療護機構、美術館或歷史博物館、食物銀行、動物中途之家、退休社群、老人中心、醫院、癌症中心、其他治療疾病的協會、殘障人士的機構．當地的教會、猶太會堂、廟宇、家暴庇護中心或女性庇護中心、識字方案、社區花園、公園及遊樂場。

第七步：交朋友和建立社群的方法

找出你感興趣的事物。什麼能讓你充滿活力？

服務他人

- 擔任某個組織的志工
- 幫助朋友和家人
- 推動業務、專案來幫助其他人
- 幫助鄰居或同事
- 提供你的想法、建議、故事、評論給相關的社群網站
- 其他：

與他人一起學習和教導其他人

- 去社區中心、學校、其他機構上課
- 參加旅行團或社區觀光
- 避靜
- 讀書會
- 研究和學習小組（或參與研究）
- 以更輕鬆的方法學習新技能
- 旅行和探險
- 討論小組
- 針對你喜愛的主題授課
- 其他：

與他人一起創造

- 與其他人一起參加計畫或任務（線上的或實體的）
- 加入包含創意專案的支持團體
- 在畫廊、藝術展分享你的創作

- 手工藝聚會
- 樂器演奏團體或聚會
- 戲劇團體
- 與團體一起拍片和製片
- 和其他人一起布置空間
- 發明新產品
- 藝術活動聚會
- 參加合唱團或樂團
- 寫作計畫、團體或聚會
- 舞蹈團體（交誼舞、方塊舞、民俗舞、即興舞蹈）
- 其他：

與他人一起創業

- 以自己熱愛的事物成立事業或非營利機構
- 加入非營利組織的營運
- 幫助他人推廣新產品或業務
- 投資建造社群或募款的新事業
- 其他：

與他人一起提出倡議

- 加入政治活動
- 爲某個目的成立組織或團體
- 加入某個組織或團體
- 其他：

與他人一起運動或健身：

- 跟朋友或團體去看比賽
- 加入健身房、運動工作室或瑜伽工作室
- 加入粉絲俱樂部或聚會
- 加入運動隊伍
- 舉辦或參加馬拉松
- 特殊奧林匹克運動會的殘障奧運比賽
- 其他：

與其他人一起追求信仰（心靈和宗教活動）

- 加入教會、猶太會堂、廟宇、清真寺
- 慶典、儀式、探索生命之旅
- 其他：
- 參加宗教或心靈社群的社交活動
- 避靜（禱告避靜、冥想避靜等等）
- 討論小組

與其他人討論動物和自然

- 加入喜愛動物人士的團體
- 賞鳥活動
- 積極參與社區園藝計畫
- 參與跟動物有關的活動
- 積極參與動物治療的方案
- 戶外活動（划獨木舟或爬山等等）

- 跟朋友和親人一起散散步
- 加入環境保護團體
- 其他：

參與有趣的社交活動

- 在餐廳舉辦的美食聚會
- 問答遊戲
- 喜劇俱樂部
- 卡拉OK
- 自由參加的脫口秀節目
- 紙牌遊戲團體（橋牌、撲克等等）
- 遊戲之夜
- 慶典
- 音樂會
- 派對（自己舉辦或參加別人辦的）
- 社交活動、有趣的聚會
- 其他：

自我反省：

哪些活動最有可能讓你踏出自己的舒適圈？

哪些社交活動會帶給你使命感或意義？

你覺得哪些活動最有可能讓你遇見志同道合的人？

什麼樣的環境最適合認識新朋友？

想想你建立支持社群的動機，哪些力量會讓你願意走出自己的保護殼？（可能不只一種，或許每一種都是。）

一、想幫助別人的渴望。

二、對學習和探索不同事物的熱愛。

三、做自己熱愛的事。

四、踏上療癒自己和他人的旅程。

五、可以讓生命有所不同的使命感。

什麼樣的原因或動機，讓你想要去建立友誼、社群和歸屬感？

第十章 四百個朋友，有幾個人可以依靠

回到原點：二〇一九年三月，手術過後

二〇一九年三月十九日，冬季的最後一天，在波士頓的麻省總醫院，我接受手術，割除小小的甲狀腺腫瘤，以及不健康的副甲狀腺裡的一個良性腫瘤。疲憊不堪、痠痛、幾乎說不出話、不太能夠吞嚥，也無法轉頭或開車，我靠著幾個朋友的協助才能完成許多事情。在醫院和回到家的時候，瑞塔一直陪伴著我。她當我的司機、祕書、行動治療師，也幫我準備藥物和其他必需的補給品（我的副甲狀腺機能已經歸零）。整整過了十天，我才能吃半固體食物、淋浴、穿衣服，也能開一小段距離的車。

一週的復原期過後，我的聲音比較有力，疼痛感也慢慢消失，瑞塔跟我聊了好一會兒，回憶起我剛搬到波士頓時，跟她一起住在她小小的公寓裡。就在六年前，二〇一三年三月，我站在她家門口，載著一車的行李，沒有家具，只有一張白色藤椅和一個書架。她記得當時我必須跑好幾家食物銀行找吃的，省下買藥錢只爲了有錢加油才能開車去上班。我很勉強才能把我那份房租付給她。

「我是從緬因州來的難民，爲了保命才搬到麻州。」

瑞塔緩緩地點頭，陷入沉思。「那時候我眞的替妳感到難過。妳什麼都沒有，看起來又精疲力竭。我只能盡量把妳的房租壓低了。」

我喜歡她濃濃的明尼蘇達口音。十八年前，瑞塔跟丈夫從明尼亞波利斯搬來波士頓。但是在我搬進她家之前，她已經離婚一年了，跟我一樣孤家寡人，任職太陽能工程公司，還自己成立了一家外包公司。她總是在講電話，如果不是跟客戶，就是她在明尼亞波利斯的母親，她母親每天晚上七點會準時來電。瑞塔經常邊吃飯邊工作，站在廚房裡急急忙忙吞下外帶的沙拉，同時對著電話揚聲器交代事情。她一般會工作到晚上十點，然後只能累倒在床上。

「瑞塔，妳太拚命了，我幾乎沒見過妳放鬆的模樣。」

「還好那時候妳跟我不熟，離婚後我眞的變成一個潑婦，」她咯咯笑了起來。

「我以爲妳是工作狂，所以不敢接近妳。」

「我以爲妳很孤僻，只想窩在房間裡看電視。」

「我們好像只往來過幾次，就是樓下的安娜跟馬可邀我們去他們家。」

「他們眞的很慷慨，從來沒碰過這麼親切的人。和他們在一起很有趣，對吧？」

我們回憶起住在一塊兒的那幾年，跟樓下鄰居聚會的短暫喜悅。瑞塔跟來自保加利亞的老夫妻安娜和馬可建立了溫柔的友誼，他們會邀請我們去吃安娜自己烘焙的甜點配上波特葡萄酒。有幾次我們在星期天的傍晚相聚，跟來自對門的巴西鄰居和臨時出現的義大利房東，一起擠在安娜廚房的桌邊。眾人分享手機裡的照片，秀出身在遠方的愛人或景物，天南地北開心地聊著。多麼巧的緣分，來自世界各地的我們移居到波士頓，就住在阿靈頓路上這棟樸實的三層磚樓裡。

安娜和瑞塔發展出一種如母女般的情誼。她幫安娜記帳、跑腿和丟垃圾，兩人常常邊做事邊聊個不停。每週六晚上，安娜都會邀瑞塔吃晚餐，提醒她：「妳該休息一下，別一直工作！」瑞塔往往會拒絕她的好意，但安娜堅持送來加蓋的溫熱餐點，分量很大，瑞塔會跟我一起分食。

瑞塔回憶起那個時候，表情變得溫柔，「離婚後那一年，我的朋友就只剩安娜和馬可了。他們住在樓下眞的很方便，一有事情我就想找這對爸媽。他們需要我，我也需要他們。我們是天作之合。」

除了幾次跟安娜和馬可的聚會，我們基本上互不干涉。直到瑞塔搬到麻州西部的北安普頓，我們才眞的變成朋友。少了向她租房子的壓力，我可以更輕鬆地跟她聊天。在她成長快速的醫療帳單業務碰到趕件時，我還曾擔任她的鐘點工人為她出點力。

「我以為我搬走以後，妳就會回明尼蘇達了。妳一直說妳討厭這裡，討厭那些『麻州老司機』、粗魯瘋狂的駕駛人，妳說這裡太擁擠了，大家都沒耐心。沒想到妳還是留下來，定居在北安普頓。」

「事實上，我自己也變成麻州老司機了，我不會忍受任何人，」瑞塔竊笑。「麻州帶給我的改變還算正面，我已經不是那個來自明尼蘇達的保守好女孩了，這一點應該毋庸置疑吧。我現在可是道地的驕傲麻州老司機了！」

我們大笑，裝出波士頓口音彼此取笑。

「是啊，麻州給我的影響也還算不錯。很奇怪，我在這裡反而比在其他地方更適應。顯然就比在我的家鄉好。在維吉尼亞州，大家看似都很大方且友善，充滿南方人的熱情。但好客跟禮節不一定等於眞正的友誼。接待別人是一種南方文化，而且他們對於細節頗為要求。可是要讀懂這些社交線索，我眞的做不來。我的南方文化這門課被當掉了，因爲我實在太誠實、太不設防、太認眞、太笨拙。我不知道該怎麼扮演這種角色。我一直學不會那些社交規矩，因爲我很早就離家了；我不想多談那段黑歷史，總之我把每個人都當朋友，渴望在某處找到歸屬，當然就注定會有悲劇發生。我常把社交活動的邀請誤認爲眞實的友誼。我眞的很笨，把友善跟友情搞混了。但起碼在波士頓我知道自己擁有什麼，不必去猜誰是眞正的朋友。」

「妳說的對，這裡很少有虛假的友誼。人家要眞的喜歡妳，才會發出邀請。妳馬上就可以知道誰眞的想當妳的朋友，不然，通常一開始聊天，他們就會把妳排除在外。可是我很好奇，妳是什麼時候決定切斷跟維吉尼亞的連繫？」

瑞塔讓我可以安心訴說我的悲傷故事。「妳知道嗎，瑞塔，二〇一二年六月，在我搬到波士頓以前，我以爲我在維吉尼亞還有兩個朋友。在緬因州過了十四年安靜的鄉間生活，我發現那個地方容不下我了，我在那邊的三個朋友，一個消失、一個有自己的生活要過，還有一個忙著照顧孫子。我在緬因州沒有人可以依靠了，我該去哪裡？在無計可施之下，我想說不定我可以回到家鄉維吉尼亞，看看老朋友們都在做什麼。我誠實地告訴他們，我覺得自己迷失了方向，我卑微地問他們，我是否還能回到他們的生活裡。但是，天哪，我覺得自己的脆弱把這些老朋友給嚇跑了！後來我得知他們在背後講我閒話，說我很軟弱、很需要別人照顧。」

瑞塔靜靜聽著。「所以妳明白告訴他們，在妳離開家鄉十四年後，現在妳需要他們的支持？妳眞的告訴他們，妳在緬因州的朋友都消失了？天啊，他們一定覺得很尷尬。他們可能嚇壞了。妳確定他們說妳很軟弱？還是妳覺得他們會這麼說？」

「一個朋友確實當著我的面這麼告訴我。的確，大多數朋友都認爲我很軟弱，只是他們『不忍心告訴我』。」

「聽到這種事眞的讓人很不好受，但起碼妳發現了眞相。」

「瑞塔，妳知道嗎，書上總是說我們可以展現自己的脆弱，還說我們要勇敢，要說眞話，要眞誠，諸如此類的，對不對？可是表現出自己的脆弱和孤單，只適用於某些人、某些地方和某些時刻。要能夠脆弱，妳得有家人或朋友！但願當妳眞的需要別人的關懷時，他們不會說妳太貪心。被別人說自己需要太多、太軟弱，眞的很讓人受傷！那些振振有詞、叫我們表現脆弱的書，說的都是廢話，如果沒有眞正的朋友或家人，我們根本無法脆弱！」

瑞塔看到我忍著淚水。「芙爾，那些書不適合妳。那些書不適合沒有人可以求助的人。那些書不適合沒有朋友或家人可以依靠的人。」

「沒錯。」我擦擦眼睛。

瑞塔若有所思，繼續說出她的想法。「在我們的文化裡，表現出自己的脆弱也是一種風險。我們要懂得判斷自己面對的人，不然會被當成是扶不起的阿斗。我覺得很諷刺，展現出脆弱可以幫助那些原本就有足夠支持的人，卻會打擊那些眞的很孤單、沒有人可以依靠的人。最需要我們的人，反而是把我們給嚇跑的人，實在太可悲了。」

「對啊，妳說的沒錯。缺少社會支持的人在尋找朋友時，要小心隱藏自己的脆弱，不能展現出一絲孤單，這樣別人才不會擔心你會巴著他們不放。擁有社會支持的人不會明白沒有支持的人有多辛苦。那些有家人和朋友支持的人，更容易交到新朋友或找到伴侶，因為他們冒的風險沒那麼高，也不會覺得無所遁形——他們的支持系統就像是個避震器，會緩衝其他人對他們的拒絕和評斷。此外，如果你有親人，就有人可以對話，看起來也正常點，因為你有兒孫的照片、另一半的嗜好或姊妹的事業可以談論。如果沒有人可以對話（除了貓咪或自己），又想出門交朋友，只能靠老天保佑了。要是別人知道我們有多孤立，可能很快就溜之大吉了。」

「所以別人說妳需要太多又很軟弱，只是因為妳承認了妳很孤單寂寞，需要朋友。但老實話，我不覺得妳很脆弱。」

「即使是六年前我出現在妳家門口的時候？我沒有誰可以求援。基本上我無家可歸。那時候我看起來眞的像個流浪漢吧！」

「妳確實看起來精疲力竭。而且妳有點焦躁，又不知所措。但我喜歡妳的地方，在於妳是如此充滿希望。妳說妳很期待能在波士頓從頭來過。妳很喜歡波士頓，即使在這裡妳一個人也不認識。我很佩服妳的信念。我相信妳會過得很好，因爲妳眞心喜愛波士頓！」

「謝謝……妳知道的，我眞的很期待能從頭開始，妳說的沒錯。」

「搬到波士頓是正確的選擇。痲省眞的救了妳的痲木。」

「謝天謝地。這裡的人眞的比較直接。如果有人認爲我看起來很脆弱，他們會坦白說，『妳今天看起來糟透了。』我會知道是因爲有天我的同事**眞的**對我說了這種話。我眞心感謝她告訴我，我也承認那天我的狀態不太好。可是能夠坦然面對自己的問題，感覺很好。」

「芙爾，」她嘆了一口氣。「我在明尼蘇達一直沒有歸屬感，跟著前夫來到波士頓，他又丟下我，我很失落，覺得被孤立了。還好樓下有安娜跟馬可，可是他們年紀跟我差很多。幸運的是，我的工作除了讓我保持神智清醒，還能建立人脈，交到新朋友。對我來說，眞正的家人就是我在痲州的朋友，我花了六年的時間才建立起這個支持圈。有些朋友來自別州，就跟妳一樣，帶著舊時的行李跟包袱。走了好長一段路，我才相信這裡是我的家，我也交了幾個好朋友可以證明這一點！」

「我也是，」我插嘴說。「我們都是無法融入別的地方，但移植來這裡以後適應得還不錯。」

「我一直想問妳爲什麼搬來波士頓。妳決定離開緬因州，又不回維吉尼亞，後來爲什麼選了波士頓？」

「我不會忘記二〇一二年六月的那個星期天，我一時興起來到波士頓，只因爲我想看一部特別的電影！我在緬因州的醫院切除子宮後，關在家裡休養三週關到我快要發瘋了。我覺得意志消沉，落入這輩子以來最糟糕的自憐自艾，因爲維吉尼亞的朋友不肯幫我，緬因州的朋友也消失了。爲了走出頹靡的意志，我很想看一部叫做《月升冒險王國》（*Moonrise Kingdom*）的電影，是我很欣賞的導演魏斯・安德森（**Wes Anderson**）的最新作品。我本來要在波特蘭看，可惜還要等一個月才會上映。在網路上搜尋的時候，我發現它在波士頓已經上映了。我心想，何不搭上火車，來個一天的快樂出遊呢？所以我就到了波士頓，看了這部甜蜜而古怪的電影，兩個跟同儕格格不入又寂寞的十二歲孩子，找到了彼此，然後陷入愛河。電影傳達的訊息正是我需要的激勵：對，只要不放棄，孤單的人還是可以找到伴。沉浸在電影的光芒下，我沿著天滿街走下去，晃過了波士頓公園，還走了一小段自由之路。我信步走進一家酒吧，點了啤酒跟自製辣醬麵，跟當地人在大螢幕上看了一場紅襪隊的比賽。我很享受那種愉悅的氣氛。緬因州人比較保守，而這裡的人比較容易攀談聊天。長話短說，我以遊客之姿在波士頓度過了六月美好的一天。在回程的火車上，我開始想像住在波士頓的模樣。」

「哇，所以源頭是一部電影。我想我也會願意搭兩個小時的火車去看魏斯・安德森的電影。眞的很棒。」

「對啊！是魏斯・安德森給我的啓發！他的電影太棒了，讓我離開沙發，走出家門；離開消沉，來到波士頓。」

我們笑了出來。跟隨直覺，冒險出門看場電影、聽聽音樂會或看場球賽，是擊敗憂鬱的好方法。但是像搬到新城市這種重大的人生決定，跟著感覺走會不會太冒險了？畢竟我只到波士頓玩了一天，只瀏覽了觀光景點。

「說來或許很奇怪，但我心裡知道我想搬到波士頓。那個時候的我反正也不會再有什麼損失了，也不一定要留在某個地方。我不知道我到底屬於哪裡。爲什麼不試試看完全不一樣的挑戰呢？我也知道波士頓的工作機會比緬因州多。所以我心想，何不試試看呢？」

瑞塔微笑，眼神透露出心領神會。「然後妳聯絡了珊卓拉，妳前夫的表親，跟妳也很久不見了。妳在波士頓只認識這個人，心想她或許能分享一些祕訣，然後她告訴妳我在找室友。結果妳來了，就住進我家！」

「真的謝天謝地，讓我認識妳！」

瑞塔突然起身走出去，拿了兩罐薑汁汽水倒進杯子裡遞給我。她坐到窗邊那張老籐椅上（那張椅子從維吉尼亞運到緬因州，又被載到波士頓，已經跟我二十年了），沐浴在夕陽的光輝下。她啜飲汽水，沉默了半晌，帶著會意的微笑。

「妳知道嗎，剛剛在樓下的時候，我想起了一件事：妳曾告訴我，二〇一二年在緬因州動過手術後，沒有人幫妳，妳找不到人支持妳。妳才切除子宮，卻被迫滯留在醫院裡，一個人孤孤單單。但那是七年前的事了。現在……看看妳的人生有多大的轉變。朋友圍繞著妳，大家都肯幫忙。祝妳康復的卡片不斷出現，粉紅色的鬱金香也送來了，還有人打電話、傳簡訊、在臉書發文，大家都好有愛。然後我也在這裡陪妳。」

從我搬到波士頓的那一天起，瑞塔就開始見證我這段漫長的旅程。她的這番話讓我感到安心，我悲傷的故事已經翻轉了。我走了一圈，又回到原點：但二〇一九年手術後的情況，已經完全不同於二〇一二年那一次。在波士頓住了六年後，我的世界整個改變了。這六年間，每一天我都用心建立友誼，而這些年參與的社群、自我倡導、自我理解和**耐心**終於帶來好結果！幾個忠誠的朋友就能讓事情大不相同。

「瑞塔，我眞的很幸運，有妳在這裡見證我的故事。做完手術後有妳照顧我不只是好運，妳也見證我的世界全然翻轉。妳瞧，我們兩個人都回到了原點。」

我們倆眼眶含淚。我們很努力才能在麻州重建我們的人生。我們以汽水相敬，慶祝我們走過的路途以及站穩的腳步，我們不只找到一個安身立命之處，還創造出眞正的歸屬感。

又過了兩天，我恢復的狀況不錯，瑞塔收拾行李回北安普頓去了。我幫瑞塔把行李塞進後車廂，兩人相擁好一會兒。

她坐上車，設定導航。「只要一個半小時就可以回到家了。我不會有事的。」

「到家後停好車，才能發簡訊哦。」

「我知道。我現在也是麻州老司機了。」

在大笑聲中，瑞塔小心翼翼把車倒出車道，往西邊駛去。我坐在門廊上，抬頭看著溫柔的淺藍色天空，視線緩緩看向白色的圍籬和蜿蜒街道上的白色房子。院子裡的雪融化了，留下一道道白色的痕跡，露出一片淺綠色的草地。兩隻看似陷入熱戀的山雀在松樹的枝椏間跳躍，彼此追逐，不斷發出叫聲。

一隻知更鳥停到籬笆上，山雀飛走了。春天來了。我打敗了癌症，找到幾個像瑞塔這樣愛我的朋友可以依靠。我別無所求。我終於跟那段歷時多年、悲傷的孤立歲月告別了。

愛我們住的地方

我坐在書桌前，重新熟悉堆積如山的郵件，經歷手術後必須回歸日常生活。在一封封的醫院帳單裡，夾雜很多祝我早日康復的卡片，我把亮粉紅色、黃色和綠色的卡片打開放在窗臺上，以虔敬的心擺好每一張卡片，彷彿那是我的聖壇。卡片裡寫著來自各方的邀請。芭芭拉邀請我去華爾騰湖看她的攝影展。緬因州的老朋友貝琪邀我去她家參加涼亭派對，跟她的孫兒見見面。另一個在緬因州的朋友問我四月底能不能跟她去希金斯海灘走走。還有一個在麻州的朋友熱情邀請我去聽她的未婚夫唱歌，他們的樂團會在韋斯特伯魯的酒吧表演。甚至有一個朋友邀我去紐約市參觀她的新公寓。

我突然想到，這些朋友都很喜歡他們住的地方，全心參與他們的社群。在廚房裡、門廊上、戶外咖啡座、樹下、池塘邊、公園裡、涼亭裡、海灘上，都有他們最喜歡的歸屬。他們都找到了各有特色的地方。他們都需要屬於自己的所在，就像他們需要可以伸出援手的人。新英格蘭的雪都融光了以後，草地和樹木開始變綠，我的朋友們充滿活力，從冬眠中甦醒，以各種聚會慶祝春天的到來。

我心想，愛自己住的地方眞的非常重要。我也想到瑞塔告訴我的事情，的確，在我交到朋友之前，我就愛上了波士頓這座城市。在發展出任何關係前，我投入及培養一種在地的感覺，間接感受周圍社群的生命力。在新的城市裡我滿心驚奇，從六月那個輝煌的星期天開始，我看了魏斯・安德森的電影，探索了波士頓公園和自由之路，我的害羞及恐懼退居幕後，讓好奇心站上第一位。我敞開心房問起熱門歷史景點的相關問題，跟當地人及遊客談天說笑。我遊覽附近的小鎭，例如康科特、劍橋或牛頓，我愈來愈喜歡這個城市。悠久的歷史、爲數眾多的學院和大學、人潮、可以漫步的小鎭、對學習的熱愛、來自世界各地從十八歲到八十歲的學生，在在讓我深深著迷。我對這個都會區的愛就像一股力量，我再也不爲失去的人際關係而悲傷，擺脫孤單的恥辱，也走出了孤立。

我在波士頓的第一個朋友是芭芭拉・歐森，早在認識她以前，我在十七歲就已經愛上了華爾騰湖，也在十二年級的英文課裡讀到這個備受喜愛的保護區。也難怪在那家小咖啡廳碰到芭芭拉以後，我們立刻就能聊起亨利・梭羅。芭芭拉熱愛梭羅的著作及人生，愉快地談起當導覽志工的事情，熱烈歡迎我去參觀。的確，因爲對華爾騰湖的熱愛，我們才能建立起友誼。

對某個事物的愛就是快樂、好奇心和關懷的源頭，這些力量把我拉出孤單，走進新的社群。二〇一二年，我就像個來到麻州的朝聖者，什麼人都不認識，還過了五十年與別人格格不入的日子。而我很肯定那些比我早來到麻州的朝聖者或移民，他們受到傷害、評斷和想要逃避的心，絕對不會亞於我。

但最終，朋友變成我選擇的家人，波士頓變成我創造出來的家。這本書訴說我夢想成眞的故事。許多人也跟我一樣，我們一起慶祝脫離了孤立的掌控，跟隨自己的心：

> 我們跟隨自己的關懷之心，因此變得勇敢。
> 我們跟隨自己的好奇心，因此變得勇敢。
> 我們跟隨自己的喜悅，因此變得勇敢。
> 我們跟隨自己的療癒腳步，因此變得勇敢。
> 我們跟隨自己的使命感，因此變得勇敢。

跟隨內心的呼喚，我們與內在的孤單為伴，也接受外在的孤單。我們尋找的不只是朋友、夥伴、靈魂伴侶和家人。我們邀請他人參與讓我們能突破自我的活動，起碼是在那個當下。或許是臨時起意去看場魏斯・安德森的電影、去公園裡聽聽音樂會、參加華爾騰湖的歷史導覽，或是傾聽派對上某個人說的故事。

我們都需要「話題」、興趣、熱愛、使命感、計畫、讓人屏息的景色，這些事物能夠打破藩籬，讓我們願意說出口或向其他人伸出手，然後才有機會發展出友誼。就算是在自家後院突然出現的一個小驚奇，或許也能讓我們跟陌生人就這麼聊了起來。

社群中每一次的相遇，不論是在超市排隊結帳或到公園裡遛狗，都是克服孤立的機會。當我們伸出手、付出關懷、支持他人，連結感和歸屬感也會跟著增加。只要我們關心所在社群裡的其他人，就可以擺脫孤立將我們往內拉的力量。

在我們覺得自己像個隱形人的時候，如果有人對我們伸出手，真的就像是個奇蹟。突然間，我們被看見了，整個世界對我們打開門。每天，我們都有力量一點一點創造出屬於彼此的小小保護區。

千萬不要退縮。

附錄

當寂寞蔓延時：資源指南

針對孤立問題的計畫和組織

• Sidewalk Talk Community Listening Project（人行道上的談話：社群聆聽計畫）

www.sidewalktalksf.com

「我們的使命是教導和練習在公共空間中傾聽彼此的能力。」官網上明白宣示著。這項計畫從舊金山開始，在美國大多數州已見實行，涵蓋五十個城市，也擴展到十二個國家。受過訓練、聆聽時充滿同情心的志工坐在人行道上的椅子，其他人可以隨時坐下來與他們討論心中的想法。這項發展快速的計畫也很適合志工加入，一起對抗孤單，就在你自己的社群裡。

創辦人：崔西・陸博

- **Connect2Affect（美國退休人員協會）**

www.connect2affect.org

爲五十歲以上的人開發，這個網站提供對抗社會孤立的資源，提升社群的參與度。要了解孤立的問題，網站上有很棒的資源。他們也出版了很多研究結果，提供終結孤立的實際提議，讓人大開眼界。我建議Y世代和嬰兒潮世代都可以看看裡面的內容，了解如何建立社群和克服孤立。

- **藝術和療癒基金會（Foundation for Art and Healing）的不孤單計畫**

https://artandhealing.org/unlonely-overview/

該計畫主辦的電影節以孤單爲主題，可以在他們的網站上觀看影片。網站也提供很棒的相關研究結果，還有美國各地會議及論壇的資訊，以對抗社會孤立爲焦點。關於孤單，這裡可以找到最新的消息和媒體報導。

創辦人：傑瑞米・諾貝爾（Jeremy Nobel）醫生，公共衛生碩士

- **隸屬 Transition Network（變遷網路）的關懷協作**

https://www.thetransitionnetwork.org/connect-caring-collaborative/

他們匯集了許多女性成員，有分區的組織，提供在地的協助和同儕支持，以及建立長久的關係。這個單位旨在增進鄰居間的關懷和協助。志工會提供實際的「協助保障」，讓人在動手術、復原和進行其他醫療過程時，可以得到實際的幫助。這個計畫透過紐約州健康基金會（NYS Health Foundation）的資助在紐約推出，同樣模式可以套用在美國各處。該組織不斷成長，現在於十二個州建立支會。

• CaringBridge

www.caringbridge.org

CaringBridge 是非營利組織，目的是支持面臨親人接受醫療的照顧者，通常是提供手術前後的實際幫助。有家人或朋友正在進行醫療程序的話，可以透過網頁設計的程式，協調安排需要的支持，很適合用來組織照護計畫。這麼做有助於讓親友們知道病患的病情與復原進展，以便安排探病，或者等病人回家後過去幫忙。CaringBridge 透過網頁和線上日誌，把大家聚集在一起，幫病患解決孤立處境。他們已經發展到全球兩百三十五個國家。

- **英國的 Campaign to End Loneliness（終結寂寞活動）**

https://www.campaigntoendloneliness.org/

他們的使命是提升對孤立的覺察，處理英國各地年長者可能陷入孤立的問題。他們會舉辦「全世界最大型的對抗孤單會議」。這項活動從「交友」倡議開始，訓練員工和志工陪伴陷入孤立的成人。這個網站提供詳盡且鼓舞人心的研究和資源，有助對抗孤單和建立社群。

- **英國的 Jo Cox Commission on Loneliness（喬考克斯孤單委員會）**

www.jocoxfoundation.org/loneliness_commission

二〇一八年一月，英國致府指派專門的事務部長領導這個具有時代意義的單位。孔芮忻（Tracey Crouch）任職一年後，二〇一九年五月由米姆絲・戴維斯（Mims Davies）接任。他們發現孤單已經變成了嚴重的健康風險。英國前首相梅伊（Theresa May）認爲孤單是「現代生活的悲慘現實」。戴維斯正在募集資金，幫助英國的家庭有辦法帶年長的親屬去渡假。

- **英國的 MUSH**

https://letsmush.com/

在英國，家有幼童的母親可以用手機應用程式建立社交網路，安排談天交友的小團體。「一個簡單有趣的方法，幫助母親找到朋友。」

共同創辦人：莎拉・黑茲（Sarah Hesz）及凱蒂・梅西・泰勒（Katie Massie-Taylor）

- **Togetherness Program（加州的 CareMore Health）**

www.caremore.com

臨床社工師羅賓・卡魯索（Robin Caruso）是該計畫的主辦人，他領導的臨床倡議在美國八個州幫助年長者面對孤單和孤立的問題。年長者可以找到當地社群的資源，他們也會促成生活條件相似的銀髮族認識彼此。

- **Health Leads（與麻州和加州的醫療中心建立夥伴關係，正擴展到其他州）**

www.healthleadsusa.org

重心是醫院和診所裡的社會需求介入，以及爲患者尋找當地社群的資源。服務對象是孤立、低收入和社會弱勢的病患，他們沒有家人朋友支持，也缺少資源。Health Leads 的資料庫開放給醫生、護士或社工師使用，幫助病患找到在地資源。Health Leads 也會提供評估資料給醫療供應商，以便協助孤立和資源不足的個人，引導供應商連結這些病患及啓動當地的支援服務。

- **Wounded Warrior Project（受傷戰士計畫）**

www.woundedwarriorproject.org

該計畫針對退伍軍人的社會孤立問題，在三十五個州組織退伍軍人同儕支持團體，並持續擴展中。他們會在美國各地舉辦同儕帶領的會議和活動，包括阿拉斯加、夏威夷、波多黎各和關島。戰士卡羅斯・德萊昂（Carlos De Leon）解釋，「有類似經驗的人才會知道你經歷了什麼。」這個組織聚集了退伍軍人社群，讓退伍軍人可以彼此支持。「不論你想找人講話，還是需要有人來鞭策你達到目標，都可以運用同儕支持。」

- **Village-to-Village Network（村對村網路，對象是五十歲以上的人）**

www.vtvnetwork.org

服務對象是五十歲以上的人，目的在幫助他們住進有支持體系的社群，在年紀大時提供社會支持。這個非營利組織採會員制度，走草根路線，在美國各地蓬勃發展，很多樂齡的區域性機構都可以幫民眾找到當地的 Village-to-Village Network。這些「村落」會舉辦社交活動，是很適合年長者的支持系統，他們可能需要運輸、醫療供應或其他與銀髮族有關的資源。

- **Stitch（對象是五十歲以上的人）**

www.stitch.net

這個友善、創新且成長快速的網路很適合用來尋找陪伴及建立社群，幫助年長者分享興趣，例如旅遊、上課、社交、約會或交友。Stitch 的網路已經在很多州成立。當地的社群組織者叫做「社群冠軍」，大家有問題時可以找他們，也是新成員的聯絡人。

- **Women Living in Community（針對五十歲以上女性）**

www.womenlivingincommunity.com

創辦人瑪莉安・齊爾肯尼（Maryanne Kilkenny）著有《你想要的家》（*Your Quest for Home*），她是一位先驅，爲年紀漸長的女性探索不一樣的社群和共居機會。她的網站很生動而且有很多想法、資源和祕訣，提供共居的資源及聯絡人。單身女性應該會覺得她的網站實用又激勵人心。

- **Meetup.com**

讓你認識更多人的網站，可以找到面臨類似問題的人。例如，如果你有社交焦慮，現在世界各地有一千多個關於社交焦慮的聚會。就算你沒有焦慮或害羞的問題，也有適合你的聚會。不論你自認是美食家、獨立電影愛好者、愛狗人士、賞鳥認識，或只是人很好的宅男宅女，都可以找到聚會。

- **Common Sense Media（常識媒體）**

www.commonsensemedia.org

這是一個很聰明、很有幫助且高度創新的網站，幫助家人和父母學習管理小孩子和青少年的科技使用。我們可以了解社群媒體、電玩遊戲、手機應用程式和其他裝置爲什麼有用或有害。網站上有很多很棒的研究結果和建議，告訴我們哪些東西很健康，或者適不適合各個年齡層的消費者。關於社群媒體的好處、壞處，也有論壇、有趣的文章及新聞報導。

- **The Clowder Group**

www.theclowdergroup.com

約瑟夫・艾普鮑姆（Joseph Applebaum）及史杜・麥達克斯（Stu Maddux）專門拍攝紀錄片，他們特別關心社會孤立的議題，現在正在製作一部影片，叫做《那些寂寞的人》（*All the Lonely People*）。他們這個團隊曾經得獎，拍了《沉默世代》（*Gen Silent*）講述同志長者的孤單和孤立。

- **SAGE Advocacy & Services for LGBT Elders**

www.sageusa.org

同志長者獨居及陷入孤立的可能性是其他人的兩倍。這個全國性的組織提供訓練、倡議和支持。

書中主人翁的網站

- **安妮．布魯斯特醫生：**
健康敘事協作及鴉片類藥物企畫
www.healthstorycollaborative.org
鴉片類藥物企畫
https://opioidproject.oncell.com
- **艾莉．卡謝爾：**
沉默之苦 www.sufferingthesilence.com
- **瑪麗莎．芮妮．李：**
Supportal www.meetsupportal.com
- **安娜．貝絲：**
COAAST（共同探索癮症的支持） www.coaast.org
- **羅蘋．休士頓．賓恩：**
太陽會升起基金會 www.thesunwillrise.org
- **莎朗．波菲提：**

保羅合夥公司 www.paulpartnership.com

- **克勞斯・亞洛夫：**

Global Denmark https://global-denmark.dk

國家圖書館出版品預行編目資料

你可以獨立，但不孤立：如何在疏離的時代下建立真實的情感連結與社群支援

芙爾・沃克 Val Walker 著　嚴麗娟 譯

初版 . -- 臺北市：商周出版：家庭傳媒城邦分公司發行
2021.05　面；　公分
譯自：400 Friends and no one to call:Breaking Through Isolation & Building Community
ISBN 978-986-5482-44-2（平裝）

1. 人際關係 2. 社會互動 3. 生活指導 4. 成功法

177.3　　110003765

你可以獨立，但不孤立

原文書名／400 Friends and no one to call
作　　者／芙爾・沃克Val Walker
譯　　者／嚴麗娟
責任編輯／陳玳妮
版　　權／黃淑敏、劉鎔慈

行銷業務／周丹蘋、賴晏汝
總 編 輯／楊如玉
總 經 理／彭之琬
事業群總經理／黃淑貞
發 行 人／何飛鵬
法律顧問／元禾法律事務所 王子文律師
出　　版／商周出版　城邦文化事業股份有限公司
台北市中山區民生東路二段 141 號 4 樓
電話：(02) 25007008　傳真：(02)25007759
E-mail：bwp.service@cite.com.tw
Blog：http://bwp25007008.pixnet.net/blog
發　　行／英屬蓋曼群島商家庭傳媒股份有限公司城邦分公司
台北市中山區民生東路二段 141 號 2 樓
書虫客服服務專線：(02)25007718；(02)25007719
服務時間：週一至週五上午 09:30-12:00；下午 13:30-17:00
24 小時傳真專線：(02)25001990；(02)25001991
劃撥帳號：19863813；戶名：書虫股份有限公司
讀者服務信箱：service@readingclub.com.tw
歡迎光臨城邦讀書花園　網址：www.cite.com.tw
香港發行所／城邦（香港）出版集團有限公司
香港灣仔駱克道 193 號東超商業中心 1 樓
E-mail：hkcite@biznetvigator.com
電話：(852) 25086231　傳真：(852) 25789337
馬新發行所／城邦（馬新）出版集團【Cite (M) Sdn. Bhd.】
41, Jalan Radin Anum, Bandar Baru Sri Petaling,
57000 Kuala Lumpur, Malaysia.
Tel: (603) 90578822　Fax: (603) 90576622
Email: cite@cite.com.my

封面設計／李東記
排　　版／極翔企業有限公司
印　　刷／韋懋印刷有限公司
經 銷 商／聯合發行股份有限公司
電話：(02)2917-8022　傳真：(02)2911-0053
地址：新北市 231 新店區寶橋路 235 巷 6 弄 6 號 2 樓

■ 2021 年 5 月 4 日初版　　Printed in Taiwan
定價 380 元

Originally published as “*400 Friends and No One to Call: Breaking through Isolation and Building Community*”

ISBN 978-986-5482-44-2

廣　告　回　函
北區郵政管理登記證
北臺字第000791號
郵資已付，免貼郵票

104　台北市民生東路二段141號2樓

英屬蓋曼群島商家庭傳媒股份有限公司城邦分公司　收

請沿虛線對摺，謝謝！

書號：BX1081　書名：你可以獨立，但不孤立　編碼：

請於此處用膠水黏貼

讀者回函卡

感謝您購買我們出版的書籍！請費心填寫此回函卡，我們將不定期寄上城邦集團最新的出版訊息。

不定期好禮相贈！
立即加入：商周出版
Facebook 粉絲團

姓名：＿＿＿＿＿＿＿＿＿＿ 性別：☐男 ☐女

生日：西元＿＿＿＿年＿＿＿＿月＿＿＿＿日

地址：＿＿＿＿＿＿＿＿＿＿

聯絡電話：＿＿＿＿＿＿ 傳真：＿＿＿＿＿＿

E-mail ：

學歷：☐ 1. 小學 ☐ 2. 國中 ☐ 3. 高中 ☐ 4. 大學 ☐ 5. 研究所以上

職業：☐ 1. 學生 ☐ 2. 軍公教 ☐ 3. 服務 ☐ 4. 金融 ☐ 5. 製造 ☐ 6. 資訊
☐ 7. 傳播 ☐ 8. 自由業 ☐ 9. 農漁牧 ☐ 10. 家管 ☐ 11. 退休
☐ 12. 其他＿＿＿＿＿＿

您從何種方式得知本書消息？

☐ 1. 書店 ☐ 2. 網路 ☐ 3. 報紙 ☐ 4. 雜誌 ☐ 5. 廣播 ☐ 6. 電視
☐ 7. 親友推薦 ☐ 8. 其他＿＿＿＿＿＿

您通常以何種方式購書？

☐ 1. 書店 ☐ 2. 網路 ☐ 3. 傳真訂購 ☐ 4. 郵局劃撥 ☐ 5. 其他＿＿＿

您喜歡閱讀那些類別的書籍？

☐ 1. 財經商業 ☐ 2. 自然科學 ☐ 3. 歷史 ☐ 4. 法律 ☐ 5. 文學
☐ 6. 休閒旅遊 ☐ 7. 小說 ☐ 8. 人物傳記 ☐ 9. 生活、勵志 ☐ 10. 其他

對我們的建議：＿＿＿＿＿＿＿＿＿＿

【為提供訂購、行銷、客戶管理或其他合於營業登記項目或章程所定業務之目的，城邦出版人集團（即英屬蓋曼群島商家庭傳媒（股）公司城邦分公司、城邦文化事業（股）公司），於本集團之營運期間及地區內，將以電郵、傳真、電話、簡訊、郵寄或其他公告方式利用您提供之資料（資料類別：C001、C002、C003、C011 等）。利用對象除本集團外，亦可能包括相關服務的協力機構。如您有依個資法第三條或其他需服務之處，得致電本公司客服中心電話 02-25007718 請求協助。相關資料如為非必要項目，不提供亦不影響您的權益。】

1.C001 辨識個人者：如消費者之姓名、地址、電話、電子郵件等資訊。
2.C002 辨識財務者：如信用卡或轉帳帳戶資訊。
3.C003 政府資料中之辨識者：如身分證字號或護照號碼（外國人）。
4.C011 個人描述：如性別、國籍、出生年月日。

請於此處用膠水黏貼